図解 即 戦力

豊富な図解と丁寧な解説で、
知識0でもわかりやすい！

商社の

しくみとビジネスが
しっかりわかる
これ
1冊で
教科書

治良博史
Hiroshi Harunaga

JN016870

技術評論社

ご注意：ご購入・ご利用の前に必ずお読みください

はじめに

　2020年8月31日、コロナ禍の中、世界的に著名な投資家のウォーレン・バフェット氏が率いる米バークシャー・ハザウェイが、日本の大手総合商社5社に5％超を出資したと発表しました。バフェット氏は割安株を長期保有して、株価が上昇した時点で売却する手法が有名です。

　日本の総合商社は事業の幅広さから、PBR（株価純資産倍率）が「解散価値」といわれる1倍を割り込んでいるところが多いので、割安株と見られたのでしょうか。しかし、9.9％までの買い増しについても言及していることから、単に割安株、というだけの理由ではなさそうです。その狙いについて興味は尽きませんが、バフェット氏が投資したということは、業界にとって明るいニュースに違いありません。

　さて、本書に興味を持たれた方は、就活生や将来の就職活動に備えて業界を研究してみようという学生の方がメインでしょう。したがって、本書の構成も商社についてできる限り多角的にとらえ、時系列的な観点と産業横断的な観点のそれぞれについて、かなり詳細な記述を心掛けました。また、多くのデータも駆使しつつ、イラストなどを交え、ビジュアル的にも商社業界をわかりやすく解説することにも腐心しました。

　商社に関する書籍は数多く出版されていますが、それらに通底する商社観として、日本独自の業態、変幻自在の存在、面数を数えきれない多面体企業などがあります。本書においても、この通底する商社観を避けて通ることができず、逆にその商社観を1つひとつ解説することに注力しました。その意味で、一本の筋の通った解説本にはなっていないかもしれません。でも、それが商社なのです。融通無碍な活動を通じて、あらゆる産業に顔を出し、世界の名だたる企業とタッグを組み、いろんな業態の事業を起こし、巨額の損失をものともせず、世界の、そして日本の経済発展の一翼を担うことに最大の快感を覚える、そんな商社マンが今日も世界中を飛び回っています。

　最後に、本書を読んで商社という業種に興味と関心を持っていただければこの上なく幸せです。そして、商社マンになってみようという就活生や学生の方が1人でも現れてくれれば望外の喜びです。

2020年12月

治良　博史

CONTENTS

Chapter 3
日本の７大総合商社

Chapter 4

分野に特化した専門商社

Chapter 5

商社の組織構造

COLUMN 7

Chapter 8

商社が展開するビジネスモデル事業例

COLUMN 8

Chapter 9

商社が手掛ける新ビジネス

COLUMN 9

Chapter **10**
商社業界の行方

COLUMN 10

第**1**章

商社業界の最新動向

商社はいったい何をする会社でしょうか。取引の仲介役のイメージが強いかもしれませんが、製造事業、電力事業、ヘルスケア事業など、実にさまざまな事業を展開しています。日常生活を陰で支えている商社の最新事情を紹介します。

Chapter1 01

今の商社は
何を行っているのか？

商社はいったい何をする企業でしょうか。製造事業、物流事業、電力事業、ヘルスケア事業などに加え、DX という概念の登場で変わりつつある商社の仕事について紹介します。

あらゆる事業分野に手を伸ばす企業

石油プラント
石油を科学的に処理・加工して、精製や化学製品を製造したりする生産設備のこと。

掘削リグ
地中の石油や天然ガスなどを採る井戸（油井）を掘るための装置のこと。

　総合商社のホームページを見ると、石油プラントが夕日に映える光景、大型タンカーが大海原を航行している航空写真、製鉄所の高炉を背景に鉄鋼製品の並んだ写真、巨大な風力発電の接近動画、石油掘削リグで働く労働者の笑顔などが並べられています。

　商社という言葉からイメージされる、機能的なデザインで美しく整ったオフィスで、ビシッと決めたスーツを着てスマートな身のこなしで働くビジネスマンからは、ほど遠い感じの画像が並んでいます。

　これだけ見ると、メーカーのようでもあり、資源開発者のようでもあり、発電事業者のようでもあり、物流事業者のようでもあります。まさにそうなのです。商社というのは、あらゆる事業分野に手を伸ばし、「これは」というセグメントに対して積極的に事業展開を推し進めることを稼業にしている企業なのです。

どの分野にどれだけ人とお金をつぎ込むか

事業ポートフォリオ
企業が利益を生み出している事業を一覧化したもの。各事業の収益性や成長性、安全性などを可視化する。

　このあたりのところをもう少し具体的に、見てみましょう。最近の商社業界では、「事業ポートフォリオ」という概念の下に、どの分野にどれだけ人とお金をつぎ込むかを事業計画の柱にしています。

　商社によってその重点の置き方は多少違いが出ています。三菱商事、三井物産などは、旧来から強みを持っている資源ビジネスにおいて、石炭、鉄鉱石などの鉱山会社への大型出資を行い、経営権を握るまで関与を深めています。これを資源産出事業に大きく出資をして資源の権益を確保することに加え、連結による損益確保も狙う、「資源ポートフォリオ」といいます。

▶ 大手総合商社のホームページ

商社の事業

・商取引
・情報の収集
・市場の開拓
・事業経営
など多岐にわたる

出所：住友商事ホームページ

出所：三菱商事ホームページ

出所：伊藤忠商事ホームページ

ホームページの写真からは多方面の事業が連想できますが、既存の枠にとらわれない考え方や価値観をもとにさまざまな事業を展開していくのが商社です

📍 商社が主体のインフラ事業

　また、インフラ事業では、鉄道、道路、発電といった社会インフラの整備事業に主体的に取り組み、商社がプロジェクト遂行の中心的役割を担っていることがよくあります。途上国における発電事業などは、単にプラントを納入するだけでなく、そのオペレーションまで関与して、事業が軌道に乗ってきた段階でプラントを客先に引き渡す**BOT**といわれる取り組みを積極的に推進している商社もあります。

BOT

Build-Operate-Transferの略。外国企業が相手国から土地を提供してもらい、インフラなどの施設建設をして一定期間自らで運営・管理をし、投資を回収した後に相手国にそれを委譲する開発方式。

最近では、通信インフラの整備が発展途上国を中心に盛んになってきています。住友商事では、モンゴルやミャンマーで相手国の通信事業を当該国と共同で事業運営を行っています。日本の携帯インフラの実績を持ち込んだ形の取り組みは現地でも高く評価されています。

注目度が高いヘルスケア分野

ヘルスケア分野
健康維持・増進のための医療分野のこと。商社では医療開発におけるさまざまな事業のアウトソース事業や医薬・健康関連商品の販売など取り組みは多岐にわたる。

また、新規分野においては各商社とも、ヘルスケア分野に注目しており、この分野での事業ポートフォリオを打ち立てる方向性を打ち出していますが、商社によって多少スピード感に違いがあります。この分野では、三菱商事、三井物産はすでに国内外で、高度な医療を提供する大型総合病院をチェーンで展開する病院経営に携わっています。東南アジアの富裕層をターゲットにしたこのビジネスモデルは、ある意味国際的な医療サービスの提供という側面があり、成功の可能性が高い取り組みといえるでしょう。

もう1つの取り組みは川下分野への積極的な進出です。より消費者に近い事業領域に係ることを目指しています。伊藤忠商事がファミリーマートを手掛け、三菱商事はローソンを手掛けています。住友商事、三井物産のTV通販事業もこの流れに沿ったものということができます。

DXに大きく舵を切る

ICT
Information and Communication Technologyの略。通信技術を活用したコミュニケーションを指す。インターネットのような通信技術を利用した産業やサービスなどの総称のこと。

つまり、今商社はこれまでの商売の仲介業者としての役割から、もっとそれぞれのビジネスに深く入り込んで、事業を構築、発展させていく事業のパートナー、あるときは事業の当事者となり、その事業展開によって収益を上げていく、という奥行きの深い仕事を手掛けるようになってきています。

さらに、昨今のICTの急激な発展によって、既存ビジネスもデジタル化の観点から見直し、再構築が迫られています。この動きに対しても、商社はすぐさまその社内体制を組換え、対応できる組織を立ち上げています。今や、どこの商社もDXという言葉が飛び交わない日はないといって過言ではないでしょう。

DX
Digital transformationの略。「デジタルによる変革」を意味し、進化したITの活用によってビジネスモデルや組織を改革して、企業の競争優位性を確立すること。

既存のあらゆる産業においてその事業形態がDXに変化していく中で商社もその方向に向かって大きく舵を切ろうとしています。

▶ 新規事業に参入する商社

商社業界は、世界規模での医療ヘルスケア事業への参入に関心を高めている

商社	ヘルスケア事業への参入状況
三菱商事	「エム・シー・ヘルスケア株式会社」などによる医療材料関連事業が好調。東南アジアでも同領域にて事業拡大を進めている
丸紅	アジアで、ヘルスケア事業への本格参入を始めた。2017年頃から、現地医療機関グループ等と連携した検査サービス提供を開始した
住友商事	2019年4月、マレーシアにおける「マネージドケア事業」への参入が発表され、現地事業者2社を子会社化した

▶ DXと商社

【 DXとは…… 】

デジタルテクノロジーを駆使して、企業の在り方や、そこで働く人たちを変化させること

住友商事
EVカーシェア事業

2018年秋にストックホルムでEVカーシェア事業「Aimo」を始めた。出資先のフランス企業のサービス基盤を活用し、短期間でサービスを開始させた

出所：住友商事

三菱商事
位置情報アプリ

オランダに本部を持つHERE Technologies社に出資。同社は位置情報などを扱ったアプリの開発環境を提供している。資本提携により、社内のさらなるデジタル化を進めていく

出所：HERE Technologies

▶ 身近なところにあるDX

JAPAN Trip Navigator

JTBが開発した訪日外国人向けのスマートフォンアプリ。宿泊やツアーなどの予約機能や観光情報の提供など、「タビナカ」の多様なニーズに対応している

メルカリ

スマートフォンさえあれば手軽に出品でき、匿名での発送も可能な売買サービスを展開。誰もがインターネット上で取引ができるしくみを提供している

Chapter1
02

投資会社としての側面が強まる総合商社

投資と聞くと、単なる資金投入をイメージするかもしれません。しかし、商社の投資はマーケットへの影響も考えながら、人材を派遣し、事業の成長を支えるところまで踏み込んでいます。

● 事業の成長を支えるための投資

総合商社はさまざまな業界の中でその業界におけるキープレイヤーと共に業界としての成長、発展を担うために、積極的に事業投資を展開しています。そして、投資した事業に関しては、その事業がキチンと成長軌道に乗るまでは人材を派遣し、必要に応じて追加の投資を行い、投資した事業の育成について強い責任感を持って取り組んでいます。こういった事業の育成、成長を担いながら投資を進めていくというのは、普通の投資会社ではあまり考えられないことです。

一般の投資会社が投資をする際には、投資の対象となる事業（あるいは企業）の成長性を判断して、成長が見込まれる事業に投資をするのが普通です。

ところが、商社の事業投資においては、時には自らが飛び込んで事業の成長を支えるために投資を行うケースも少なくありません。どこの商社もそうですが、事業投資を単純な投資案件とすることはまずありません。

事業を取り巻く環境の調査、分析、事業の将来性の見通しなど、普通に投資をする際に必要な事業評価は当然のこととして、商社の事業投資はその事業を客観的な評価基準のみで判断するわけではありません。商社の事業投資はそれらの客観的な事業評価に加え、自分たちが事業運営を推進するとマーケットにどんな影響を与えることができるか、また、当該事業が及ぼす社内的なシナジー効果も評価の1つの尺度として用いることもよくあります。そのようにして評価された事業（推進に値する事業である、との評価）を自らの手で育てていくというのが、商社の事業投資の真髄といえるでしょう。

事業投資
ある企業に対して経営資金を投資してリターンを得るビジネスのこと。商社はさらに、人材や情報なども送り込む。

シナジー効果
複数の企業が協力したり、企業内の異なる事業部門が協力して得られる相乗効果のこと。それぞれが作用しあい、効果や機能が高まることを指す。

▶ 商社の事業投資

	総合商社の投資	投資会社の投資
内容	事業に対して商社の保有する経営資源（ヒト、カネ）を投資し、事業の育成を図る	投資家から資金を集め、専門家などが代わりに企業の株を運用し、リターンを得る
目的	事業の成長や新規ビジネスの創出	有価証券の売買、M&Aの仲介によって利益を得る

総合商社は、豊富な資金力と広い事業領域をもつからこそ、投資企業を内側から支えることができるのです。

▶ 商社と投資会社の投資方法の違い

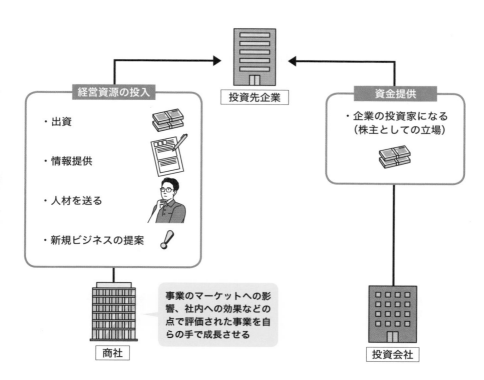

経営資源の投入

投資先企業

資金提供

・出資

・情報提供

・人材を送る

・新規ビジネスの提案

・企業の投資家になる（株主としての立場）

事業のマーケットへの影響、社内への効果などの点で評価された事業を自らの手で成長させる

商社

投資会社

全業界との
つながりが強みの商社

機械、化学品、エネルギー、などさまざまな業界との結びつきを持っている
商社。高度経済成長期に商取引で築いた関係性は、メーカーの海外進出に伴
ない、形を変えながらも継続しています。

仕入れから販売まで携わる

　総合商社はあらゆる産業分野の商材を扱ってきている関係から、
さまざまな業界との係わりがあります。たとえば鉄鋼業界とは、
石炭や鉄鉱石、鉄を生産するのに必要な原材料の納入から、製品
としての各種鉄鋼製品の販売まで携わります。そのため、製鉄メー
カーとは仕入れから販売に及ぶいろんな局面で取引関係がある
のです。

　こういった関係性は、化学品業界、機械業界、エネルギー業界、
パルプ・製紙業界などあらゆる業界との間にも存在しています。
これらの基幹産業といえる業界との強固な関係は、商社とメーカ
ーとの相互補完的な機能が極めて効率的に発揮された高度経済成
長時代に形成されたものでした。

　ただ、単なる仲介取引には限界もあって、その後商社と基幹産
業界との関係はメーカー自身の仕入れや販売機能の増強、強化と
相まって薄れていくことになります。

メーカーの海外進出で関係に変化

　しかし、一方で新しい関係が出現してきました。それはメーカ
ーの海外進出です。安くて効率のよい労働力を求めて日本メーカ
ーは東南アジアを中心に工場の海外進出を検討し始めました。そ
のような動きに呼応して、商社は日本からの企業受け入れに積極
的なアジア諸国の政府と手を組み、日本メーカーの海外進出の水
先案内人になります。その最大の成果がアジア各国にある「工業
団地」でした。このように基幹産業といわれる業界との関係は変
質しながらも継続していることが見て取れます。

　一方、商社ビジネスが川上から川下にその活動エリアを拡大し

工業団地
一定区間の土地を工
業用地として整備し
て、工場や倉庫を計
画的に立地させた地
域のこと。工場など
の設置の優遇措置が
認められ、それらが
密集している。

川上
原料が製品となって
販売されるまでの過
程を川にたとえたも
の。川上は製造のこ
とを指す。

川下
川上と同じく一連の
過程を川にたとえた
もの。川下は販売の
ことを指す。

▶ 商社と他業界の関わり

	商社
鉄鋼業界	鉄鋼製品のグローバルなバリューチェーンを構築。自動車市場では軽量化やEV化に対応し、バリューチェーンの拡大を図っている
化学品業界	化学品などの安定供給を通じて、地球環境の保全や地域と産業の持続的な発展を目指している。高度化する顧客のニーズに対応し高い専門性とグローバルな事業展開を行っている
エネルギー業界	国内のエネルギーインフラを支えている。ガソリンスタンドなど地域における欠くことのできない社会インフラとしてのサービスステーションの維持を担う
パルプ・製紙業界	製品とトータルコストを踏まえた上で原紙の提供や海外サプライヤーなどからの調達、また海外の顧客への販売など調達・販売を行っている

▶ メーカー海外進出と商社

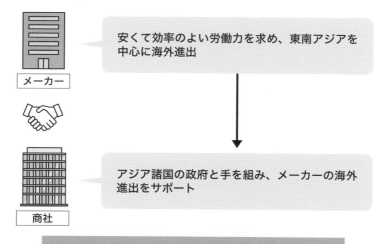

メーカー

安くて効率のよい労働力を求め、東南アジアを中心に海外進出

商社

アジア諸国の政府と手を組み、メーカーの海外進出をサポート

メーカーとの関係は変化しながらも継続している

ていくに従い、付き合う業界もまた変化していきます。とくに、川下に力を入れ始めて商社は商業資本、小売業界との結びつきが強くなってきました。

そして今、DXの掛け声とともに、IT業界との関係が深くなりつつあります。このように商社は時代の変遷に合わせてさまざまな業界とのパイプを太くしているのです。

Chapter1 04

役割分担が進む
総合商社と専門商社

商社は総合商社と専門商社に分類されます。また、専門商社はさらに総合商社系、メーカー系、独立系に分類されます。それぞれがどのように機能しているのか、日本の産業を支える商社の構造について説明します。

事業経営に必要な知識が求められる

総合商社
輸出入貿易や国内での物資販売を業務の中心としながら、幅広く事業を展開する会社。「ラーメンからミサイルまで」といわれるほど扱う商品は幅広い。

総合商社の最近の動きを見ると、比較的大きめの事業規模感のある事業への投融資、経営参画等事業投資を通じた収益確保にウェイトが移っています。

ここから導き出されるのは、総合商社の人材育成においても、事業への専門的な理解力や知識の向上はもとより、事業投資のための財務、法務知識や投資判断力のための金融的な能力を磨く、といった事業経営に必要な業務知識の習得などが重宝されてきているということです。

商取引機能のほとんどを関連子会社に移管

それでは、商社が得意としてきた商取引機能はどうなっているのか、ということになります。

総合商社の本社では、営業といっても、前述のような事業投融資に関する知識の習得を経た社員が投資している事業会社の経営指標などの数字を見ながら、事業のよし悪しを判断しています。

総合商社が商取引をいまだ商社機能の根幹としているにもかかわらず、その本社の風景はそれを想起させる体制からは程遠い感じになっているのです。なぜなら、総合商社の商取引機能は現在そのほとんどが関連子会社に移管しているからです。

日本の製造業の発展を支える専門商社

専門商社
商社の中でも、ある特定の分野や業種に特化して主に商取引を行う商社のこと。

専門商社業界を見ると「総合商社系」の商社が結構あります。

この総合商社系専門商社が、親会社である総合商社になり替わって商取引機能を担っているといえるでしょう。

また、専門商社にはあと「メーカー系」と「独立系」と大きく

▶ 商社の種類と一例

分類	概要	主な企業		
総合商社	幅広い分野において商取引、事業投資、金融事業などのさまざまなビジネスを展開する	・伊藤忠商事　　　・三井物産 ・三菱商事　　　　・丸紅 ・住友商事		
専門商社	特定の分野において、商取引を中心としたビジネスを展開する	総合商社系	・伊藤忠食品 ・住商グローバルメタルズ ・三井物産ケミカル	
		メーカー系	・日鉄商事 ・大同興業 ・関西日立	
		独立系	・守谷商会 ・三洋貿易 ・岩谷産業	

▶ 総合商社と専門商社の役割分担

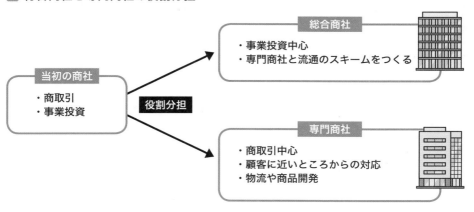

3業態に分けることができ（80ページ参照）、そのどれもがある分野に秀でた商取引機能を発揮しています。例としては、金属、鉄鋼取引に強い日鉄商事は日本製鉄系のメーカー系、一方、産業機械の取引に強い守谷商会は独立系です。これらの専門商社は日本の製造業の発展をその高い専門的なビジネスセンスで支えてきたといっても過言ではありません。

Chapter1 05

新興国経済との密接な関係

商社業界において、重要な意味を持つ海外市場ですが、中でも東南アジアの新興市場は注目を集めています。各国の政治リスクを抑えた上で、業界や進出国の発展を目指しています。

国内市場以上に大切な海外市場

　日本企業にとって海外市場は国内市場以上に大切な市場であり、その海外市場を日本産業界の先頭に立って開拓してきたのが商社でした。日本の工業製品の市場は当初、欧米などの先進国や中近東の産油国などが中心でした。

　一方、東南アジア諸国のような新興国と呼ばれる国々は積極的に工業化を推進し、その工業製品の輸出を中心に経済力をつけ、最近では新しい消費市場としても注目され始めています。そして、これら新興国の経済成長には、日本企業の工場進出もその一翼を担っているのです。

日本企業による工場進出で商社が活躍

　しかし、日本企業による工場進出（生産設備の移転）は簡単ではありません。安価な労働力は魅力的ではあるものの、工場の稼働に必要な条件がある程度そろっていない限り進出などできません。とりわけ電力、水、物流などのインフラがどれだけ整っているかは、進出を決める際の決定的な要素になってきます。

　そこで、商社は日本企業の進出に必要な環境やインフラに対する条件をまとめ、日本企業を誘致して自国の工業化を推進したい相手国政府と工場進出受け入れの交渉を進め、工場立地に相応しい土地の提供などを受けながら、日本企業の工場進出に積極的にかかわるようになりました。また、工場進出の際に必要な法律、会計、福利厚生などに係るさまざまな業務や事務手続きのサポートや、進出企業が活動しやすいサービスまで提供しています。

　この取り組みは一般的に「工業団地プロジェクト」といわれ、どこの商社も東南アジア諸国では必ず手掛けています。

工業団地プロジェクト
商社が指揮を執ってベトナムやインドネシアなどで工業団地を開発するプロジェクトのこと。企業のグローバル展開を支えるための目的などがある。

▶ 総合商社が参画するASEANのインフラ・ビジネス

国名	工業団地名	主な参画商社	現地パートナー
フィリピン	ファーストフィリピン工業団地	住友商事	ロペスグループ
	ラグナテクノパーク	三菱商事	アヤラ・ランド社
マレーシア	ヌサジャヤ・テックパーク賃貸用BTS開発事業	三井物産	Ascendas、UEM Sunrise
ミャンマー	ティラワ経済特区（SEZ）	住友商事、三菱商事、丸紅	日本連合49%、現地資本51%
ベトナム	第二タンロン工業団地	住友商事	住友商事が91.6%出資
	ロテコ工業団地	双日	Thai Son Group
	ロンドウック工業団地	双日	ドナフード
タイ	アマタ・ナコーン／アマタ・シティ工業団地	伊藤忠商事	AMATA
	タイ・テクノパーク	豊田通商	—
インドネシア	SLPカラワン賃貸用倉庫・工業事業	三井物産	SURYA SEMESTA INTERNUSA (SSI)、TICON Industrial Connection Public Company
	MM2100工業団地	丸紅	丸紅が60%出資
	カラワン工業団地	伊藤忠商事	Sinarmas
	テクノパークインドネシア	豊田通商	—
	G.I.I.C工業団地	双日	Sinarmas land
	イーストジャカルタ工業団地	住友商事	Spinindo Mitradaya

出所：伊藤忠商事、伊藤忠経済研究所『ASEANにおける商社ビジネス』2018年2月

商社は東南アジア諸国への工場進出と工業団地の設立を担っています。日本産業界の先頭に立って市場開拓と新興国の経済発展の支援をしています

▶ ファーストフィリピン工業団地の概要

概要	
工業団地名称	ファーストフィリピン工業団地（FPIP）
立地	バタンガス州サント・トマス市／タナワン市
設立	1996年11月
出資者	住友商事30%ロペスグループ70%
総開発面積	448ha
入居企業数	129社（日系69社）
総従業員数	約6万5000名（2019年3月現在）

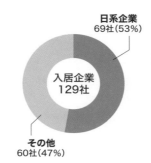

入居企業 129社
日系企業 69社（53%）
その他 60社（47%）

製造業業種内訳	
自動車・二輪、輸送機	8社（7%）
電子部品・精密機器	16社（17%）
金属・機械	30社（31%）
食品・嗜好品・日用品	16社（17%）
ゴム・プラスチック	8社（8%）
医療関係・機器	5社（5%）
その他	14社（15%）

出所：伊藤忠商事、伊藤忠経済研究所『ASEANにおける商社ビジネス』2018年2月

Chapter1 06

資源ビジネスと非資源ビジネス

以前は石油や鉄鉱石を利用した資源ビジネスによって大きな利益を上げたものの、近年、非資源ビジネスへ移行している商社業界。その背景と流れについて紹介します。

高度経済成長を支えた資源ビジネス

資源のない工業国である日本にとって、その経済を維持発展させる上でなくてはならないのが工業生産に必要な原材料資源を安定的に調達することです。それを半製品、製品に加工して付加価値の高い工業製品に仕上げ、それを海外マーケットに輸出して外貨を獲得する、いわゆる加工貿易型経済が日本経済の本質です。このスキームは日本の経済成長がスタートして以来変わることはありませんでした。そして、このスキームの中で重要な役割を果たしたのが商社でした。

日本は石油を始めとして、その他資源といわれるあらゆる原材料はほとんどが海外からの輸入に依存しています。商社はその確実な調達の実現のために、資源を産出する鉱山会社にマイナー出資をして、その購買権を確保したり、その物流業務を担うことによって強固なビジネス関係を構築して権益の保全を図る、といったことに力を注いできました。

日本の経済活動の主役である工業生産に対して、その原材料を絶やすことのなく安定的に供給することが日本の経済成長を支える重要な要素であり、商社がその役割を担うこととなったわけです。そして高度経済成長の時期には、これが商社にとって資源ビジネスのそもそもの姿でした。

仲介取引によるビジネスモデルに陰り

しかし、経済成長が続きメーカーが製造能力に加えてその調達能力を内製化し始めると、自身の子会社による調達に切り替えるなど商社が保持してきた権益にくさびが撃ち込まれ、仲介取引によって手数料収入を得ていた商社の資源ビジネスは、その機能低

加工貿易型経済
加工貿易という貿易スタイルによって発展した経済のこと。安価な材料から高品質な製品を作ることで利益を上げた。

スキーム
枠組みを持った計画のこと。「目標達成に向けた具体的な方法やしくみ」や「体系的な計画」という意味でも使われる。

マイナー出資
一部出資や資本提携のこと。支配権獲得までの出資はしていない。M＆A手法の1つともいえ、主に提携先の企業とより強固な関係性を築く目的で行われる。

▶ エネルギー自給率の推移

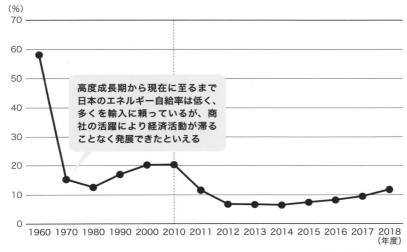

高度成長期から現在に至るまで日本のエネルギー自給率は低く、多くを輸入に頼っているが、商社の活躍により経済活動が滞ることなく発展できたといえる

出所：資源エネルギー庁

▶ 広いネットワークを活かした商社の働き

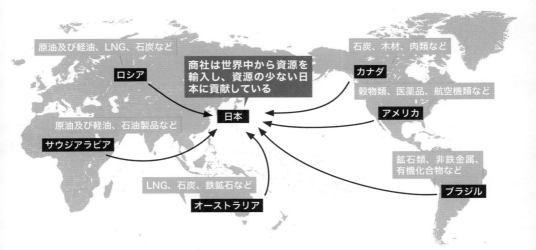

原油及び軽油、LNG、石炭など

ロシア

商社は世界中から資源を輸入し、資源の少ない日本に貢献している

石炭、木材、肉類など

カナダ

穀物類、医薬品、航空機類など

アメリカ

日本

原油及び軽油、石油製品など

サウジアラビア

鉱石類、非鉄金属、有機化合物など

ブラジル

LNG、石炭、鉄鉱石など

オーストラリア

下を余儀なくされました。

　このような状況の中、商社の資源ビジネスは大きく変身を遂げることになります。資源の産出元である鉱山企業に対して、それまでの取引権益の維持のためのマイナー出資から、その出資比率をその経営に参画するような規模にまで拡大させ、鉱山企業の経営の一角に食い込むといった、より踏み込んだ資源ビジネスの構築に動いたのです。

　三菱商事の石炭開発事業や、三井物産の鉄鉱石開発事業、さらに新しいところでは、アメリカのシェールガス開発事業など、各商社がこぞってシェールガス開発会社への巨額の出資を行い始めました。

中国の経済成長で夏の時代に

　21世紀に入って、中国の急速な経済成長が始動しました。そして、その恩恵の下、東南アジアの新興国諸国も経済が成長に転じました。これらの事象と相まって、世界的にあらゆる資源へのニーズが急速に高まり、ほぼすべての資源価格が高騰する事態となったのです。

　幸運にも商社が資源ビジネスのポートフォリオをそれまでの仲介取引による権益保全ではなく、積極的に資源開発にまで乗り出すことに取り組んだ時期が、ちょうどこのタイミングに重なりました。

　その結果、各商社の収益は大幅に好転増大し、最終利益を表す税前純利益の総額が、前年度比倍増したケースも散見されました。そして、各社とも資源ビジネスによる収益が全体収益の60～80％という状況に至りました。この現象を見ると、商社は資源ポートフォリオの切り替えに成功したと見ることもできます。

　そして、この資源ビジネスの活況によって、商社はそれまでの「冬の時代」から「夏の時代」になったとの評価も受けるようになりました。

各社が非資源ビジネス立ち上げに取り組む

　一方で、この資源バブルともいえるような資源ビジネスの活況については、商社の収益が1つの事業ポートフォリオに偏りすぎ

▶ 商社の資源・非資源分野の収益比率推移

商社全体が景気の変動を受けにくい非資源分野にシフトしてきている

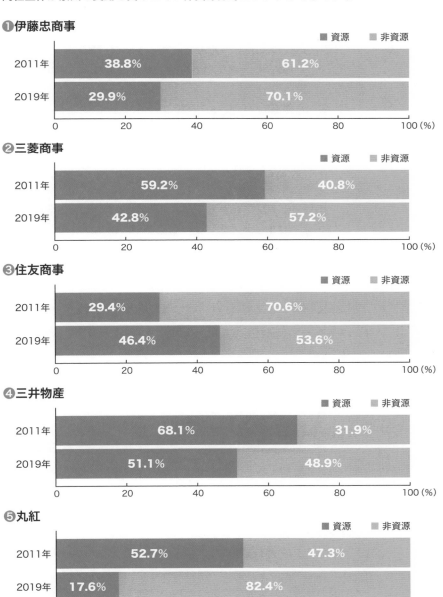

❶伊藤忠商事

■ 資源　■ 非資源

- 2011年: 資源 38.8% / 非資源 61.2%
- 2019年: 資源 29.9% / 非資源 70.1%

❷三菱商事

■ 資源　■ 非資源

- 2011年: 資源 59.2% / 非資源 40.8%
- 2019年: 資源 42.8% / 非資源 57.2%

❸住友商事

■ 資源　■ 非資源

- 2011年: 資源 29.4% / 非資源 70.6%
- 2019年: 資源 46.4% / 非資源 53.6%

❹三井物産

■ 資源　■ 非資源

- 2011年: 資源 68.1% / 非資源 31.9%
- 2019年: 資源 51.1% / 非資源 48.9%

❺丸紅

■ 資源　■ 非資源

- 2011年: 資源 52.7% / 非資源 47.3%
- 2019年: 資源 17.6% / 非資源 82.4%

出所：各社の有価証券報告書をもとに作成

ていることに対して警鐘を鳴らす人もいました。

　この警鐘はやがて現実のものとなるのですが、各社が資源ビジネスの一本足打法をまったくの是としていたわけではありません。資源で稼いでいるうちに非資源ビジネスをしっかり立ち上げる作業はどの商社もしっかり取り組んでいました。しかし、その取り組みへの力の入れ具合には各社の差が出てきます（27ページ参照）。

● 中国経済の安定成長化で各社とも赤字に

　そして、資源ビジネスの大盛況の影で非資源ビジネスの立ち上げ作業が遅々として進んでいない中、世界経済に大きな変化が起こります。

　中国経済が高度成長から安定成長に入り、新興国のバブル経済がはじけてしまったときには、資源価格の暴落が発生しました。このとき、各商社は資源分野に費やした巨額の投資の事業評価の見直しを迫られ、その結果、各社とも、最終収益が赤字に転落するほどの巨額の減損処理を強いられました。

　非資源ビジネスと資源ビジネスには絶対的な違いがあります。資源ビジネスは儲かるときの収益の規模が半端なく大きく、損失発生するときのその損失額も巨額になるということです。

　これらの資源ビジネスのボラティリティを嫌というほど経験した商社は、資源ビジネスとの距離感を確認しながら、今度は確実に非資源ビジネスに軸足を移し始めているといえるでしょう。

● 転換を迫られたビジネスモデル

　改めて概観すると、商売の仲介業から事業パートナーへの転身は海外の事業者、企業との間でも進められます。その結果として、総合商社各社は世界の資源会社のビジネスパートナーとなるべく、巨額の投資を進めていきました。

　まさにそのタイミングで、中国の経済成長がスタートし、それに乗じた東南アジア諸国の経済活性化が同時に進行したわけです。中国の巨大な産業胃袋は資源価格の高騰を招き、商社の投資はこの恩恵をもろに受けることになりました。

　しかし、資源の高騰はあっけなく終了し、各商社は資源投資の

減損処理
購入した資産に対して、売上が予想通り回収できない見込みとなった場合に、その分の損失を資産価値から減少させる処理のこと。

ボラティリティ
価格変動の度合いを示すこと。ボラティリティが高い資源などの市況商品は変動の幅が大きいため、リスクが高いと判断される。

▶ 各社の収益に対する売上総利益（2019年度）

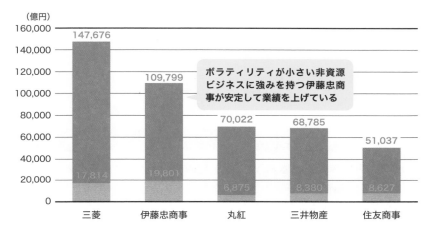

（億円）

- 三菱：147,676／17,814
- 伊藤忠商事：109,799／19,801
- 丸紅：70,022／6,875
- 三井物産：68,785／8,380
- 住友商事：51,037／8,627

ボラティリティが小さい非資源ビジネスに強みを持つ伊藤忠商事が安定して業績を上げている

■ 収益　■ 売上総利益

※　各セグメントの合計値で算出　　出所：各社の有価証券報告書をもとに作成

▶ 資源から非資源への流れ

世界各国から資源を調達する仲介取引で存在感を示す → メーカーの調達能力発展により、鉱山経営に参画する → 商社夏の時代 → 中国の経済安定化と新興国バブル崩壊で、資源価格が暴落

→ ボラティリティが小さい非資源ビジネスに比重を移す

現在は各社とも、少しずつ非資源ビジネスに軸足を移しています

尻拭いを、巨額な減損処理という形でやる羽目に陥りました。資源投資からの収益が総利益の80％を占めたいびつな収益構造は、ここではげしく転換を迫られてしまいました。

　とはいえ、資源以外でも、事業パートナーとしての取り組みはいろんな分野で進めていたことも事実で、今やいずれの総合商社も資源ビジネスと非資源ビジネスのバランスをいかに取るかが極めて重要な事業ポートフォリオになっています。

Chapter1 07

国策に絡む商社の役割

穀物の自給率が低い日本において、非常時に備え大規模な貯蔵庫を保有したり、各国のニーズを調べ対応していったりと、商社は国の政策にも大きく関わっています。

商社が官庁の仕事の一部を担う

「国策」というと、国の今後の方向性を決める重要な政策で、政治色が強い言葉と感じる人がいるかもしれません。ここで説明する国策とは、国民の生活に強く影響する経済政策的なものを指します。商社は、これらの政策を推し進める際にも強く関わりを持っています。

国民生活を保護し、維持、向上させるために、各官庁はその役割に応じた仕事を行っています。そんな中で、商社は官庁の仕事の一部を受託する形で、物品納入、サービス提供、などの業務を担っています。

日本は小麦やトウモロコシ、大豆などの米以外の穀物について、国内消費量のほとんどを輸入に頼っています。商社はこれらの穀物の安定供給に寄与するため、大都市圏の港などで大きな穀物サイロを保有しています。これらの設備を保有することによって、通常時の安定供給だけでなく、非常事態に対応するための備蓄分としても機能しているのです。

また、米が不作だった年の米の緊急輸入や、消費者の食生活維持を目的とした海外における漁業権の確保など、商社は「食の安全保障」に陰ながら貢献しています。

エネルギー資源確保の役割も担う

さらに、食料供給以外にエネルギー資源においても、商社は重要な役割を担っています。工業国である日本にとって、石油、石炭、天然ガスなどのエネルギー資源は経済活動を維持するために必要不可欠です。これらの資源を確保して安定供給を継続していくために、商社は資源国と友好的な関係を構築し、継続的に関係

穀物サイロ
サイロとは物資の能率的な集配と貯蔵のため、バラ積み方式の容器を用いた倉庫のこと。その中でもバラの穀物を大量に荷揚げ・保管する大規模な貯蔵槽形式の倉庫群が穀物サイロである。

国の機能を担う商社

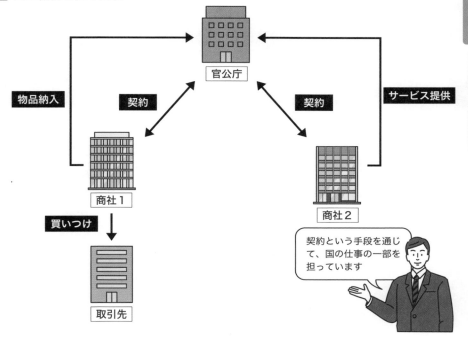

日本の食料自給率（2019年）

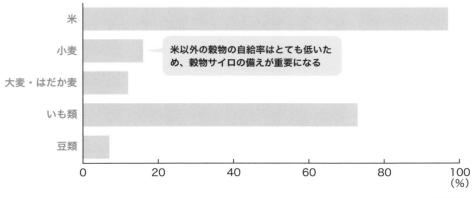

出所：農林水産省

を強固していくことに日夜心血を注いでいます。

　商社はビジネスを通じて、日本の国民生活になくてはならない
食料や資源の確保のために複雑な契約交渉を通じて対等な取引関
係を構築する、など地道な活動を継続しているのです。

Chapter1
08

有事における
商社の活躍

戦争や通貨危機、自然災害など国全体におよぶ危機的出来事が起こったとき、
商社が大きな活躍を見せています。その背景にあるのが、商社が培ってきた
コネクションと詳細な契約書です。

有事の際の助け舟となる人間関係

有事といってもいろいろあります。いきなり戦争状態に突入した湾岸戦争は、当時の日本にとって有事以外の何物でもありませんでした。産業の血液といわれる石油が、この戦争によって輸入できなくなる事態が想定され、当時の日本政府も対応に苦慮しました。幸い石油の供給ルートが途切れるという最悪の事態は避けられ、日本への影響はそれほど大きくならずに済みました。

このとき、石油の安定供給のために、商社も奔走する事態となりました。このような事態では、産油国の要職にある関係者との人脈を利用して、できるだけ国益を損なわないようにすることが非常に重要です。商社は駐在員をいろんな国に置いて、その国の政府機関のトップや産業界のトップとの良好な人間関係を築いており、これらのコネクションは有事の際にこそ大きな助け舟になります。

湾岸戦争
1990年8月2日にイラクがクウェートに侵攻したことをきっかけに、アメリカ軍を主とした多国籍軍が1991年1月17日にイラクを空爆して始まった戦争。

詳細な条件の契約書が有事に生きる

一方で、通貨危機などの金融危機では、進行中のプロジェクトが通貨危機によって中断の止むなきに至るケースも有事といえます。商社は通貨危機などの金融危機の事態を想定して、金融危機発生時における諸条件をできるだけ詳細な形で契約書に織り込んでいます。これは地味ではありますが、大切な有事対応です。

さらに、地震、洪水などの自然災害も有事の1つです。自然が相手なので思うようにいかないこともありますが、自然災害についてもできるだけ詳細な条件を契約書に決めておき、リスクヘッジできるようにしています。

通貨危機
通貨の価値が下落して、それが経済活動に悪影響を与える現象のこと。

▶ 有事に備える商社の仕事内容

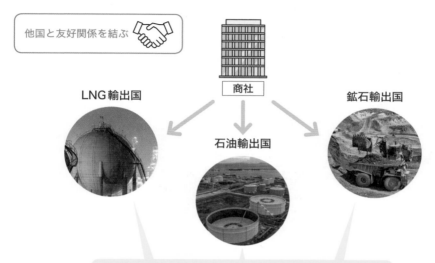

他国と友好関係を結ぶ

LNG輸出国

商社

石油輸出国

鉱石輸出国

世界各国に駐在員を派遣し、各国の要職にある関係者と人脈を築く

契約書の作成によるリスク管理

 リスク管理①
金融危機が発生した
際の対応

 リスク管理②
地震や洪水といった
災害発生時の対応

👍 ONE POINT

これからの商社に必要とされる
修羅場で「意思決定」ができる人材

「有事」というとなじみがないように感じるかもしれませんが、私たちはここ20年のうちに、リーマンショックや東日本大震災、新型コロナウイルスによる世界的パンデミックといった数々の有事を経験しています。とくに、コロナ禍ではすぐに営業を再開できた企業とそうでない企業の差が浮き彫りとなりました。その差の決め手となったのは、平時からの危機管理意識の有無や、有事における経営の決断力だったといえるでしょう。

イラン・イラク戦争のあとに①

イラク大使館から
エアコン40台の注文が入る

　1988年に8年間続いたイラン・イラク戦争が終わりました。中近東に少し平和の空気が流れ始めたころ、S商事のMさんにイラク大使館から電話がかかってきました。Mさんは中近東向けに各種産業機械の輸出を担当しており、D工業の業務用エアコンをイラク向けに大量に輸出をしていた実績がありました。

　翌日イラク大使館に行くと、商務官（大使館の外交事務担当）から開口一番「D工業のエアコンを大至急40台買いたい。モデルはこれとこれ。最短納期を至急教えてほしい」との話。

　Mさんは帰社するとすぐにD工業の海外営業の担当に連絡を取り、大至急見積もりを依頼しました。

高額な見積もりに
二つ返事で契約

　このころイラク向けの輸出は貿易保険がかからないこともあって、S商事ではそのリスクを英国の保険会社にヘッジすることが社内で義務付けられており、どうしても見積金額は高くなります。

　「この金額では、イラク側も高いといってくるだろうな」と思いながらも、見積書を作成して、イラク大使館に届けると例の商務官から「OK、この金額で契約しよう。明日SALES CONTRACT（販売用の契約書）を持ってくるように。自分はこの件は本国から全権任されているから心配するな。とにかく納期を急げ。今日から数えて商品の準備がいつになるか連絡がほしい」といわれます。

　「ちょっと待って。納期のカウントはL／C（信用状：代金支払い確約の保証状）が来てからだし、今回は欧米の一流銀行のコンファーム（確認）を条件にしています。Confirmed L／C（格付けが高い銀行の確認により、信用度を高めた信用状）が手元に来ない限り、納期のカウントはできません」。Mさんはイラク向けの厳しい決済条件を説明しました。

（54ページに続く）

第2章

商社の変遷

メーカーとの連係プレーで、戦後日本の高度経済成長を支えた商社。その後、度重なるピンチに見舞われますが、時代に合わせてビジネスモデルを変えながら、今日まで生き残っています。戦後から今日に至るまでの商社の変遷を紹介します。

Chapter2 01

日本の経済発展に大きく寄与した商社

戦後の日本経済発展の原動力となった製造業を支えていたのが、商社でした。情報収集や相手先との交渉に力を入れてきた商社と技術力を高めるメーカーの連係プレーが日本の経済成長に大きく貢献したのです。

政府と連携して日本の近代化に貢献

明治初期、世はすでにヨーロッパやアメリカ、ロシアなど列強の時代になっていました。開国後間もない日本政府はひたすら「富国強兵」「殖産興業」をうたい、とにかく軍備拡張と産業育成を推進し、欧米なみの国力を養うことに邁進していました。

そんな中、すでに海外駐在員を擁していた当時の三井物産は、日本政府と連携し、世界中から優れた工業生産設備の導入を行ってきました。当時の社会インフラを支える工業製品はほとんどが海外から導入された技術によるもので、その生産は官製企業が担っていました。官製企業は、生産技術の向上には力を入れるものの、情報収集や相手先との契約交渉の多くは商社が担いました。

一方、当時外貨を稼ぐために日本が輸出した生産物や工業製品は付加価値が低いものが多く、貿易は厳しい状況でした。ただ、絹織物はその高い品質が評価され、欧米向けに盛んに輸出された稀有な製品でした。この輸出においても、貿易実務、海外取引先との交渉などは三井物産を始めとする商社が担っていました。

高度経済成長期を支えた連係プレー

第二次大戦後、日本は焼け野原からの復興を遂げましたが、このときに日本の高度経済成長を実現した製造業の隆盛を支えたのは、製品の販路を世界の市場へと拡大していった商社でした。

明治の殖産興業時代、戦後の高度経済成長期、いずれにおいても、メーカーは生産技術の向上を目指し、アウトプットされる高品質、高機能な製品の販売は商社が担うといった役割分担がよく機能していた時代でした。この連係プレーこそ日本独特の企業形態である総合商社の存在を価値あるものにしていたのです。

殖産興業
明治時代、政府が西洋諸国に対抗して国家の近代化を推進した諸政策のこと。

社会インフラを支える工業製品
電気、ガス、水道などのインフララインの供給に必要な分電盤、パイプ、用水路用ブロックなどの製品のこと。

官製企業
国の政府が資金を出して作った企業のこと。今でいう国営企業や国営法人。

▶ 明治時代の商社の機能（三井物産の例）

明治初期、三井物産が政府と連携して海外から先進機械設備を導入した

 三井物産

1 三井物産が海外で情報収集をし、欧米の先進的な機械設備を導入する

2 受け皿となったメーカーは生産や製造における能力、技術力の向上のみに注力する

 メーカー

 三井物産

3 三井物産が貿易実務をこなし、海外の取引先との交渉の役目も果たす

三井物産はこの働きによって日本の綿糸紡績業を支えた。生糸や絹織物などは日本の輸出品の主力だったが、取引経験の浅いメーカーは実際の取引を商社に一任することが多かった

▶ 高度経済成長期の商社

1事業所あたり年間売上高の推移

メーカーと商社の連係プレーで高度経済成長期を支えた

（万円）

800

600

400

200

0

1952　　1956　　1960　　1964　　1968（年度）

出所：総務省統計局「統計Today　No. 147」

でき上がった製品の販売は僕たちに任せてください

連係プレー

私たちは生産技術の強化や向上に努めます

商社　　メーカー

Chapter2
02

総合商社は
日本独自の企業形態

日本を世界第2位の経済大国にしたともいえる商社。経済成長の先行部隊として世界のニーズをくみ取ることで日本のメーカーを世界に広めた商社の働きについて解説します。

🔵 仲介ビジネスが商社の原点

　総合商社とは何かを説明しようとすると、どうしても日本特有の商売にやり方から説明し始める必要があります。日本において、製造設備を持たない総合商社がメーカーの製造する商材、製品をメーカーになり替わって販売するという、いわば製販分離した構図が定着しています。振り返ると、その源流は近江商人などが活躍した江戸時代の商人経済に行き着くことになります。

　当時、近江商人などの商人（あきんど）は商材を担ぎ、日本全国を歩き回り、商売をしていました。モノを作る側は商人に販売を任せることで、モノ作り一本で生計が成り立つしくみができ上がっていました。

　この商人経済と呼ばれる経済構図を現在に当てはめてみると、「日本のメーカーが総合商社に商売を任せ、世界的な規模で製品の販売が増えていくことで、自分たちの成長が見込まれることになる」といったところでしょうか。ここに日本ではメーカーが総合商社の仲介ビジネスを評価するという文化的背景があるといえるのではないでしょうか。

近江商人
近江国（現在の滋賀県）に本家を置く商人の総称で、江戸時代から明治にかけて活躍した。伊藤忠商事の創業者・初代伊藤忠兵衛もその1人。

仲介ビジネス
提供者と享受者の間をつなぎ合わせ、その売上に対する手数料をもらうビジネスのこと。

🔵 広いジャンルを扱える総合商社が重宝される

　戦後、日本が高度経済成長を邁進している時代には、あらゆる業種の製造業がよいものを安く、大量に作ることを目指して生産に勤しんでいました。そして、その製品の販売については、国内はともかく、海外のマーケットに関してはほとんど商社に任していました。

　総合商社は「ラーメンからミサイルまで」や「ミネラルウォーターから通信衛星まで」などと表現されることがあるように、あ

▶ 商社の機能の原点

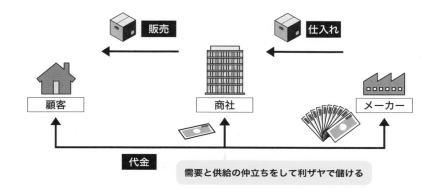

販売　仕入れ

顧客　商社　メーカー

代金

需要と供給の仲立ちをして利ザヤで儲ける

▶ 変化する総合商社の在り方

総合商社の「総合」の意味は、扱う商材の豊富さから事業の多様性へと変化している

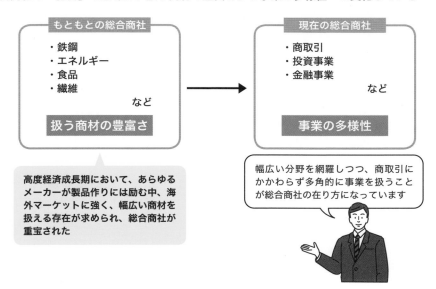

もともとの総合商社

・鉄鋼
・エネルギー
・食品
・繊維
　　　　　　　など

扱う商材の豊富さ

現在の総合商社

・商取引
・投資事業
・金融事業
　　　　　　　など

事業の多様性

高度経済成長期において、あらゆるメーカーが製品作りには励む中、海外マーケットに強く、幅広い商材を扱える存在が求められ、総合商社が重宝された

幅広い分野を網羅しつつ、商取引にかかわらず多角的に事業を扱うことが総合商社の在り方になっています

らゆるジャンルの商材を取り扱っています。このように、取り扱う商材が多岐にわたる点をもって「総合商社」と呼ばれるようになりました。

　そして今、「総合商社」の「総合」が指す意味は少し変質してきており、取り扱う商材の豊富さではなく、事業の多様性をもって総合商社と呼ばれるようになってきています。

Chapter2 03

商取引こそが 商社という稼業の原点

当初は商社が製品の市場開発を担っていましたが、日本経済の規模が拡大していくと、欧米からの市場開放に対する強い圧力により、日本メーカー自身が海外へ進出するようになりました。

メーカーと顧客を仲介する

商社の機能
商取引、情報調査、市場開拓、事業経営、リスクマネジメント、物流、金融、オーガナイザーの8つ（146ページ参照）。

　商社業界の経済団体である日本貿易会は、商社の機能を8つに分類しており、その中でコア機能として「商取引」機能を掲げています。

　「商取引」機能を一言でいうなら、作った製品を売りたいメーカーとさまざまなニーズを持っている顧客を引き合わせたり、それらを仲介したりして契約関係に持ち込み、売買を成立させることになるでしょうか。

　第二次大戦後、焼け野原だった日本が復興を遂げるために、とりわけ経済を立て直すために取り組んだのが、モノづくりの再興でした。とくに、それまで軍事需要優先だった国内経済を民間需要中心に切り替えるため、GHQは民間の経済活動の活性化に腐心しましたが、工業生産の活性化のために製造業に要請されたのが生産技術の向上でした。日本のメーカーは海外の優れた生産技術の導入、製造ライセンスの取得などを進め、工業生産の復興に注力することになりました。

GHQ
連合国軍最高司令官総司令部のこと。日本に占領政策を実施した。

復興の中で定着した役割分担

　一方、作った製品の販売については、国内マーケットへの販売はともかく、海外マーケットへの販売は、すでに海外各地に駐在員を配置し、客先情報などを多く所有して海外ネットワークを充実させていた商社の販売網を活用しました。

　高度経済成長の真っ只中では、メーカーが生産技術の高度化に注力する一方、商社がその製品の市場開拓を担うといった形で、製造と販売という役割分担が定着しました。

　この商社とメーカーの役割分担の定着、そしてこの関係によっ

▶ 商社とメーカーの蜜月関係の崩壊

高度経済成長期のメーカー
1950年代半ば、重化学工業などが発展すると、メーカーは最新の設備を取り入れて技術向上に力を入れた

製造と販売の役割分担

高度経済成長期の商社
商社は資源確保のための重要な取引を次々に成功させ、巨大な海外ネットワークによる製品の販売で市場開発を担った

しかし、国内マーケットの開放に欧米からの圧力がかかる……

蜜月関係の崩壊

日本メーカーが海外進出を模索し始める

今までのやり方を続けていったら、会社が成長できない……

商社の役割も形を変えることになる

て培われた商社とメーカーの信頼関係こそが、商社にとって商取引が今もなおもっとも大切な機能であることの後ろ盾になっているといえます。

📍 メーカーとの蜜月関係が崩れる

　ただ、その後、日本経済が世界第2位の規模になり、国際社会での立場が大きくなってくると、国内マーケットの開放に関してとくに欧米から強い圧力をかけられるようになりました。その結果、安い海外製品が大量に流入してくる事態になったのです。このとき、円高という別の要素もあって、日本メーカー自体が海外への進出を模索し始めました。こうして、商社とメーカーとの役割分担による蜜月関係は、いよいよその形を変えていかざるを得なくなっていきます。

Chapter2 04
商社の姿は
日々変わりゆく

メーカー自身が海外に進出し始め、自ら物流網を構築したことで、商社は新たに資源ビジネスに参入しました。しかし、商取引に留まらず、事業そのものへの参画に乗り出したことで、商社は再び活気を取り戻していきます。

メーカーの商社離れで商社も試行錯誤

40ページで説明した商社とメーカーとの役割分担は、高度経済成長期の終盤に崩れ始めました。引き続き商社機能をうまく活用するメーカーもあり、一概に関係がなくなってしまうわけではありませんが、徐々に細くならざるを得ません。

しかし、メーカーとの「商取引」関係が細くなる中で、商社も自分たちの活動領域を拡大するためにいろいろな動きを見せています。ここでは、商社の領域拡大活動の中で極めて特徴的なものとして、資源ビジネスへの取り組みを取り上げます。

資源ビジネスへの取り組み

資源ビジネスも「商取引」の一種として、商社は資源産出国から日本への輸入を仲介し、その手数料を得るしくみでした。しかし、高度経済成長が終わり、バブル崩壊後に日本経済が停滞し、「失われた10年」が始まる頃にはこの仲介業に陰りが出ます。

21世紀に入り、各商社は口裏を合わせたように資源ビジネスに傾注し始めました。仲介業としての取り組みではなく、事業そのものに参画したのです。石炭、鉄鉱石、レアメタル、シェールガスなどの発掘権、採掘権ビジネス、いわゆる産出元（山元）事業に大きく投資することによって、権益の確保に加え、事業収益を獲得するビジネスモデルに力を入れたのです。

このビジネスモデルの切り替えは、当時どこの商社でも歓迎されました。この頃は中国が高度経済成長に差し掛かり、現地の製造業が活況を呈し始めた時期で、資源需要が一挙に高まっていたからです。東南アジア諸国の経済も活発になり、東アジアが世界経済を支えているような様相でした。

資源産出国
石油、石炭、鉄鉱石などの天然資源や鉱物資源を算出する国のこと。イラン、オーストラリア、サウジアラビアなどを指す。

レアメタル
地球上の存在量が少ない、あるいは採掘が困難などの理由で希少とされる非鉄金属のこと。リチウム、コバルト、白金など31種類が定められている。

▶ 商社の資源ビジネス

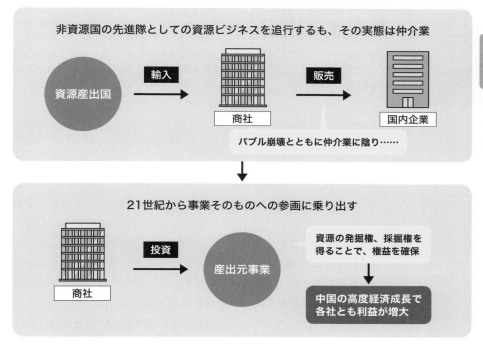

非資源国の先進隊としての資源ビジネスを追行するも、その実態は仲介業

資源産出国 →（輸入）→ 商社 →（販売）→ 国内企業

バブル崩壊とともに仲介業に陰り……

21世紀から事業そのものへの参画に乗り出す

商社 →（投資）→ 産出元事業

資源の発掘権、採掘権を得ることで、権益を確保

中国の高度経済成長で各社とも利益が増大

資源ビジネスの次は「DX」を柱に？

　石炭、鉄鉱石などの基幹資源が一夜にして高騰し、その結果、各社とも資源ビジネスの収益が総事業収益の50〜80％を占めるほどになり、商社は「夏の時代」を迎えたとまでいわれました。

　しかし、好事魔多し、中国を始めとするアジア諸国の好景気の失速を原因とする資源価格の大幅な暴落のため、各社とも減損処理により大きな損失を計上する羽目になりました。

　そして今、商社はこれからのビジネスの柱に「ＤＸ」を置き、今後の事業活動の柱にしようと考えています。果たしてこの取り組みが奏功するか、期待されるところです。

Chapter2 05

高度経済成長下で伸びた商社の商取引

商社とメーカーの二人三脚により、日本経済が発展すると、海外での病院や公共施設の建設なども役割分担して事業を進めるようになり、ゼネコンとの協力関係が出てくるなど新たなビジネススタイルが生まれました。

メーカーの成功には商社が不可欠だった

商社のコア機能としての「商取引」機能は、日本の高度経済成長期にその形が仕上がったといっても過言ではありません。38ページでも説明したように、メーカーとの役割分担が日本の商取引の拡大、とりわけ海外との取引において大いに奏功しました。

しかし、いくら品質がよく、コストが低い商品を製造しても、それを売りさばく市場がないことには事業として成り立ちません。本来であれば、ものを作る製造業はその製品の市場性までを調査、検討して販売を拡大する戦略を練り、販売先との契約交渉まですべてを取り仕切って、自社の製品の販路を拡大させる必要があります。

ところが、商社との役割分担によって、メーカーは高品質、低コストな製品の製造にひたすら心血を注ぎ、よいものを作ることに注力することができました。一方、商社は製品の販売戦略を練り、そのマーケットを世界各地に求め、「メイドインジャパン」をプロモートし続けました。

メイドインジャパン
日本で製造された製品であることを示す表記のこと。高品質の証として高評価を得た。

世界第2位に導いた二人三脚

この結果、さらにメーカーは製品の品質を磨き、商社はその製品のマーケット拡大に努めました。日本の工業製品が世界市場で高い評価を受け始め、とくに電化製品や精密工業製品、次に石油加工製品、続いて自動車と、日本の工業製品は世界で圧倒的な評価を得、日本経済は米国に次ぐ世界第2位の規模になりました。

商社とメーカーの二人三脚がこれほどまでにうまくいった例はこの時期を除いてはありません。

▶ 1950年代～1960年代の大手商社の動向

企業	活動
伊藤忠商事	1960年に社長に就任した越後正一は非繊維部門の拡充による総合商社化への布石を次々と打った。1961年には「伊藤忠燃料」、「伊藤忠モータース」、「東京肥料販売サービス」、「伊藤忠AMFボウリング」、「東京木材販売サービス」、「伊藤忠運輸倉庫」などの子会社が次々と設立された
三菱商事	1958年に、三菱地所が建設した「三菱商事ビルヂング」が竣工。海外拠点の整備を行い、中南米、欧州、中東、アジアの各地域14カ所に駐在員を配置。米国には独立法人として「米国三菱商事会社（MIC）」を設立。ニューヨークに本店、サンフランシスコに支店を開設
住友商事	経営基盤の確立に力を入れ、1950年には現在のムンバイに初の駐在員を派遣、その後ニューヨークに米国法人を設立して、海外進出への布石を打った。同年、住友商事株式会社と改称。1955年、福岡証券取引所に株式を上場した
三井物産	1965年、木下産商の営業権を譲り受ける。翌1966年、「米国三井物産」を設立。日本の代表的商社として常に地元の視線が集まっていた。1978年には世界と日本の関係をテーマに教養番組「世界にかける橋」の提供を開始した

出所：各社ホームページ

▶ ゼネコンとも協力関係ができる

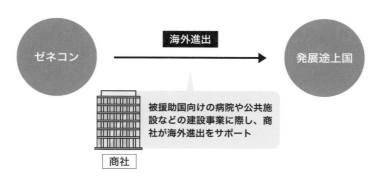

📍 二人三脚の関係はゼネコンとの間にも

　しかし、このとき、商社はメーカーとの二人三脚での製造、販売のみを行っていたわけではありません。

　日本の経済力が大きくなり、日本政府が発展途上国向けに経済援助を行うようになってくると、被援助国向けに病院や公共施設の建設などを行う事業もその対象となり、この際に日本の総合建設会社（ゼネコン）の海外進出を商社がサポートする形でゼネコンとの協力関係が出てきました。

被援助国
経済的などの部分で他国から援助を受けている国。発展途上国だけでなく、災害などの有事の際には先進国に対しても用いられる。

Chapter2 06

銀行の強大な存在感と
メーカーの物流機能強化

商社金融を通じて、取引先への設備投資の支援や信用補てんを行っていた商社は多くのメーカーの成長を後押ししてきました。しかし、銀行による直接融資などの浸透により、ほかの手段に代わられることになります。

銀行はもう1人の立役者

　商社がメーカーとの役割分担という「蜜月時代」を育んでいた時期、メーカーは好調な売り上げ拡大に対応するため、製造設備の強化、拡充を図り、製造拠点の拡張を進めていきます。メーカーのこういった設備投資資金、用地買収資金などを調達する際、大きな手助けとなったのは銀行でした。銀行は、日本の高度経済成長を支えたもう1人の立役者といっても過言ではありません。

　銀行は、メーカーの生産設備の増強に対して多額の融資を行い、生産技術の向上に貢献してきました。また、全国の支店網を活用して工場用地を物色し、紹介するといった形でメーカーの生産拠点の増強にも力を貸してきました。ただ、銀行の融資には必ずそれに見合う担保がいるわけで、増強した設備や新しい工場用地には銀行の抵当権が設定されるのが常でした。こういった関係を通じて、銀行はメーカーに対して徐々に発言権を増していき、やがて役員を送り込むなどして、メーカーの経営に対して強い発言権を持つに至りました。

工場用地
工業生産活動用として、工場などの基盤を計画的に立地させた地域のこと。

商社金融で成長したメーカーも

　商社も本来その活動資金を銀行からの借り入れでまかなっています。取引先との代金決済では、仕入れ先への先払い、販売先への支払い猶予といった商社金融（176ページ参照）と呼ばれる機能を提供しています。この機能は、ある意味で仕入れ先や販売先への信用補てんにつながる機能でもありました。中小企業の中には、商社との取引においてこの機能を活用することで、その業容を拡大することができた企業も数多くありました。中には大企業にまで成長するメーカーも出てきました。

借り入れ
商社の借り入れ資金（有利子負債）はどこの商社も巨額である。商社はこの巨額の借入資金をフルで回転させることで金利を払っても利益が確保できるようにしている。自転車操業といわれかねない状況ともいえるだろう。

▶ 1970年代の大手商社の動向

企業	活動
伊藤忠商事	1972年、総合商社で初めて、中国から取引相手としてふさわしいと指定して、友好商社に指定される。また、1974には、伊藤忠商事再発足25周年を記念し青少年健全育成を目的とした活動を行うための「財団法人伊藤忠記念財団」を創設した
三菱商事	1974年、15年以上にわたるタイへのいすゞ自動車製品の輸入・販売を経て、タイにいすゞ自動車製車両の総販売代理店「TRI PETCH ISUZU SALES (TIS)」を設立。世界的な拡販への土台となった
住友商事	1970年、「相互貿易株式会社」を合併。1977年、「ビッグスリー＆ベストワン」のスローガンを掲げ、経営分析資料に基づく総合評価でのトップと社会的評価で優位に立つことを目指していた。1970年代半ばには、海外拠点数は100を超えていた
三井物産	1977年、三井物産初のLNGプロジェクトとして、「アブダビLNGプロジェクト」に参画。以降、温室効果ガス排出量が少ないクリーン・エネルギーであるLNGの生産、輸送、マーケティングなどに幅広く関与する

出所：各社ホームページ

　銀行にとってみれば、商社経由の融資でも直接の融資でも、金利の回収が確実であればどちらでもよかったはずですが、金利の自由化や金融業界への強い風当たりなどを受けて、銀行は融資先への与信条件を緩くして、多少リスクのある企業に向けて積極的に融資を拡大しました。その結果、日本の産業界における銀行などの金融機関の存在感が大きくなっていったのです。

商社顔負けの体制を備えた大手メーカー

　それとは別に、大手メーカーの中には、自らの製品に関して、その販路拡大や客先の開拓のために開発営業的な組織を設け、自律的な販売網を構築する企業も出てきました。これまで商社が担っていた物流機能についても、自社内に物流部門を持ったり、直接運輸会社と交渉を進めたり、自前で最終ユーザーまで製品を納入する体制作りが浸透してきました。

　銀行による直接融資、メーカー自前の物流網の構築など、これまで商社が「商取引」の付帯的な機能として提供してきた機能がほかに取って代わられることになってしまいました。

Chapter2 07

メーカーが力をつけたことで ささやかれた「商社不要論」

メーカーは独自の流通網を持ち始めたことで、手数料や口銭などを支払ってまで商取引を依頼する必要がなくなっていきます。商取引だけでは存在感を示せなくなってきた商社は新しいビジネスに乗り出します。

製造以外の力をつけ始めたメーカー

メーカーが独自に自社製品の流通に関与し始め、銀行が持ち前の金融機能を発揮する状況になり、商社の存在感は徐々に小さくなっていきました。トレードといわれる単純な商取引関係に介在するだけでは、その付加価値もなく、商社に手数料や口銭などを支払う正当な理由が見い出せなくなります。

製造以外の力をつけたメーカーは、その製品の流通に自社の販売子会社をあて、その子会社がその商品のみをプロモートする販売戦略を打ち立てて営業を推進するスタイルを採ると、たちまちのうちにシェアを拡大していき、ますますメーカー流通網が整備されていくという好循環が展開されることになります。商社にとっては、最悪の事態ともいえます。

一方、豊富な資金量を背景にその融資能力を増大させた金融機関は、メーカーの独自流通網の整備に積極的な協力を行い、ちょうど通貨規制の緩和の動きと相まって、メーカーの海外展開に弾みをつける大きな作用となりました。

販売子会社
企業が自社製品を販売させる目的で、メーカーが出資・設立した卸売企業のこと。

商社の機能をメーカーの海外支店がまかなう

そうなると商社が提供してきたいろんな機能が、メーカー子会社や銀行の海外支店などに取って代わられ、商社の存在はますます小さくなりました。そして、日本の経済界ではいよいよ「商社不要論」などの議論が出てくるようになります。

このような状況の中で、商社は単純な仲介業からの脱皮を図る必要に迫られ、その業容を変えていきます。

このころ、海外ビジネスは次第に取引形態が複雑化、大規模化してきていました。契約の範囲が、単純な機材の供給だけではな

海外ビジネス
輸出入の仲介業から、発電所ビジネスといったプラントの導入や運営、販売なども手掛けるモデルへ変化した。

▶ 1990年代の大手商社の動向

企業	活動
伊藤忠商事	1997年、ディビジョンカンパニー制を導入し、タイムリーな意思決定の可能な自己完結型経営に着手。翌年、伊藤忠グループがファミリーマートの株を取得
三菱商事	1992年、「健全なグローバル・エンタプライズ」を目標とする経営方針発表。連結重視と資産の優良化を進めるとともに、組織・人材のグローバル化を強化するべく、1998年に経営計画として「MC2000」を策定
住友商事	1991年、中期事業計画「戦略95」を策定。事業活動の積極化などを推進し、商事活動と事業活動を2本柱とした収益構造の構築を目指した。また、1998年には銅地金不正取引事件を教訓として、再発防止に向けた社内管理体制を整備し、新たな経営指標「リスク・リターン」を導入した
三井物産	1990年、イラン石油化学プロジェクトが終結した。1994年にはインドネシアの発電事業P.T. Paiton Energyを設立。同年にはサハリンII石油・天然ガス開発契約に調印するなど、中東や東南アジアのエネルギー事業に注力した

出所：各社ホームページ

> 商社不要論がささやかれる中、商社は規模が拡大しつつあった海外ビジネスに目をつけ、大規模化した契約を取りまとめることで存在感を発揮しました

く、プラントとして設備全体の稼働までに責任を持つといった広範囲な契約形態になります。そこで、商社はそのプロジェクト遂行に必要なコーディネーションや現地でのリスクマネジメントなどの取り組みなどを通じて、大規模化した契約を取りまとめ、さらに高次元での機能提供を発揮するようになっていきます。

　このように海外での工事を含む広範囲なプラントの供給契約への対処する動きは、日本国内では完全にマルドメといわれていた建設業界を海外市場に目を向けさせる効果があったといえます。

　同時に日本の経済協力案件の具体化においても、商社が独自の機能を発揮することで案件の具体化が進められる事例もたくさん出てきました。

マルドメ
「まるでドメスティック」の略。当時、国内企業でしか働けない人や企業を指して使われた。

Chapter2 08

商取引における「中抜き」からの脱却

単なる商売の仲介者から抜け出すべく、プロジェクトのコーディネーターや
プラント建設のリスクテイキングなどの新しいビジネス形態に取り組み、商
社がプロジェクトパートナーとなって取りまとめる存在となっていきます。

鉄網や化学品業界で進む「商社外し」

商社にとって、「商取引」機能は今でも非常に大切な機能で、
商社の**トランザクション**全体に占めるその活動自体は大きなポジ
ションを占めています。

トランザクション
売買や取り扱いなど、
商品を渡して代金を
受け取る一連の処理
のこと。

しかし、これまで述べてきたように、メーカー独自の販売機能
の内製化や物流網の整備が進むにつれて、商社が果たす役割は小
さくなっていき、その手数料は減じる一方になってきました。つ
まり、取引を仲介する「商取引」機能はその手間ひまに関わらず、
その提供する役務に見合う対価（手数料）が得られない、という
構図が定着してきたわけです。

極端な例を挙げれば、それまで、商社の販売網を活用していた
メーカーが自らの支店や営業拠点を設置した途端に商社との取引
関係を終了させるという事態が頻発しました。当時この動きは、
商社の関与を取引の流れから排除するという意味で「中抜き」と
いわれました。実力を蓄えてきたメーカーにとって、あまり機能
もないのに取引に関わっている商社は、のどに刺さった小骨のよ
うにいらぬ存在となっていったのです。この動きは鉄鋼業界や化
学品業界でとりわけ顕著にみられる現象でした。

「パートナー」として存在感を出す

一方で、商社はこの「商社外し」「商社不要論」の中で、自ら
の機能を多様化させることによって収益の拠り所を変化させてい
きます。

リスクテイキング
自分の意思でリスク
を負った行動を取る
ことをいう。ビジネ
スでは、リスクを回
避せずに積極的に取
り入れてビジネスを
行うことに使われる。

単なる商売の仲介者から、プロジェクトのコーディネーターや
プラント建設の**リスクテイキング**などの新しいビジネス形態に対
して積極的に取り組むことになります。とくに海外ビジネス、海

▶ 1990年代の大手商社のリスクマネジメント

企業	活動
伊藤忠商事	1999年にリスクマネジメント部発足。多額の償却損失の計上が発生したことの反省により、リスクの定量化と、リスクを全社的にマネージしていくことを重視するようになった
三菱商事	1999年に投融資審査部をリスクマネジメント部に組織改編をした。会社全体のリスクポートフォリオという概念を導入し、ポートフォリオの健全化を図っている
住友商事	1998年に投資グループと管理審査グループを統合し、管理投資事業グループを発足。計測可能なリスクと計測不可能なリスクに分けて管理の強化を行っている
三井物産	1998年から1999年にかけて、審査部が投資融資保証を含めた与信リスク管理を行い、市場リスク管理部が金融商品や為替・金利のリスク管理を行うなど、リスクマネジメント機能の分散を行っている

出所：各社ホームページ

▶ 新ビジネスに取り組む商社業界の流れ

```
┌─────────────────────────────────┐
│      商売の仲介者のみを担う           │
└─────────────────────────────────┘
              │
┌─────────────────────────────────┐
│   プロジェクトのコーディネーターなどに    │
│      積極的に取り組むようになる         │
└─────────────────────────────────┘
              │
┌─────────────────────────────────┐
│ 海外ビジネスや海外プロジェクトで事業リスクの │
│     分析能力が評価されるようになる       │
└─────────────────────────────────┘
              │
              ▼
┌─────────────────────────────────┐
│   商社がプロジェクトパートナーとして      │
│      取りまとめるようになる           │
└─────────────────────────────────┘
```

商社が培ってきた企業や世界とのつながりが、新たなビジネスを展開させていくのです

外プロジェクトにおいては、商社の持つ事業リスクへの分析能力などが評価されるようになります。日本のゼネコンやメーカーが海外でプラント受注をする場合には、必ずといっていいほど商社がプロジェクトパートナーとなってプロジェクトを取りまとめる存在になっていきました。商社にとって、新しいビジネス形態の幕開けです。

Chapter2 09

海外シフトを通じ メーカーと新たな関係を築く

プラザ合意を機に、円高が急速に進んだことで日本メーカーの国内コストが割高になっていきました。そんな中、生産拠点を海外に移そうとするメーカーを商社が手助けする形で新たな関係が築かれます。

メーカーの事業パートナーとしての位置づけになる

これまで述べてきたように、20世紀における商社の機能は、その商取引機能をベースに製造業大国になった日本産業界の先遣隊として、世界各地のニーズの発掘とマーケットの拡大に努めていれば、メーカーとの蜜月関係を維持することができていたわけです。

ところが、銀行や証券会社がその金融機能の拡大強化を進めて、企業の資金調達が容易になったこと、メーカーが生産能力の増強に加えて、その周辺業務である販売機能や物流機能の内製化を進めていくことによって、通常の商取引関係において商社がその機能を発揮する局面が大きく減少していくことになりました。

そういった逆風が吹き始めた中で、商社はこれまでのメーカーとの販売業務だけの関係から、事業パートナーの関係に大きく変質していくことになります。

プラザ合意が変革の契機に

1985年、先進5カ国によって、ドル高を是正する「プラザ合意」が取りまとめられました。それ以降、急速に円高が進行していくことになりました。その影響は日本メーカーの国内生産のコストが相対的に割高になっていくという形に現れ、日本の工業製品の国際競争力が失速し始めました。この状況を打破するためには、生産コストの削減を早急に進める必要がありました。

そこで、日本メーカーは労働コストが比較的安い東南アジアを中心に生産の海外シフトの検討に乗り出しました。このタイミングで、商社はアジア各国において工業団地の開発に力を入れることになります。この動きはアジア諸国の経済発展に資するという

プラザ合意
1985年9月22日に先進5カ国（日本・アメリカ・イギリス・ドイツ・フランス）の中央銀行総裁会議により発表された為替レート安定化に関する合意。会議の会場であるアメリカのプラザホテルにちなんで名づけられた。

円高
他国の通貨（主にドル）に対して円の価値が高くなること。経済成長率やインフレ率などの経済情勢によって変動する。

▶ プラザ合意後のメーカーとの関係の変化

日本・アメリカ・イギリス・ドイツ・フランスの 先進5カ国によるプラザ合意

1985年に中央銀行総裁会議により発表された、為替レート安定化に関する合意

急激な円高が進行し、 国内生産コストが相対的に上昇

日本の工業製品の国際競争力が失速し、 生産コストの削減を早急に進める

労働コストが比較的安い東南アジアを中心に、 生産地を海外へシフト

こうした流れがあり、日本のメーカーの工場がベトナムやミャンマーなどの東南アジアに展開しているわけです

メーカーの基幹事業である、工場の海外移転の パートナーとしての関係が築かれる

観点からアジア諸国から好意を持って受け入れられる一方、国内生産のコスト高に悩んでいたメーカーにその解決策を提供することになりました。

　この工業生産の海外シフトを通じて、商社とメーカーの関係は単なる商取引の関係から、工場の海外移転というメーカーの基幹事業に係るパートナーとしての関係が作られることになります。

　今でも工業団地の開発は積極的に進められており、最近は大手、中堅に限られていた工場進出は中小企業にまで及び、労働コストが未だ相対的に安いベトナム、ミャンマーなどが、その対象国となっています。

第2章　商社の変遷

イラン・イラク戦争のあとに②

切羽詰まった状況に
メーカーが対応

　商務官は少し困った顔で、「とにかく大至急L／Cの手配はする。納期短縮をD工業と交渉してほしい」といいます。D工業の担当者もかなり切羽詰まった状況を感じ、納期について事前に工場に確認を取ってくれていました。モデル指定ということもあり、なんと、工場出荷は2週間で可能（通常だと最低でも3カ月）との感触を得られました。

　それから数日後、S商事の外為部隊に想定外の速さで、イラクのラフィディアン銀行が開設しイギリスのバークレイズ銀行のコンファームが付いたL／Cが届いたのでした。

かさ張るエアコンを
ジャンボジェットで運ぶ

　Mさんはイラク大使館の商務官に連絡を入れ、感謝を伝えるとともに「納期は2週間後、バスラ向けの船舶を確保する」と説明したところ、「いや、神戸、横浜ではなく、成田だ。イラキエアー（イラク航空）のジャ

ンボを飛ばすので成田に貨物は持ってきてほしい」と、商務官。

　Mさんは耳を疑いました。エアコンはかさ張るので、「空気を運んでいるようなもの」といわれるほどです。それをジャンボで運ぶとは、よほどの急ぎに違いありません。

　そして、2週間後、成田空港に座席を取っ払ったイラク航空のジャンボが飛来しました。輸出通関もそこそこにエアコン40台を大急ぎで搭載すると、とんぼ返りで離陸していきます。このとき、エアコンは海上輸送用のがっしりした木箱ではなく、国内搬送用の梱包にし、少しでも軽くなるようにしました。

　バークレイズ銀行のコンファーム付きL／Cということで、輸出保険をかけないことへ社内の許可も取れました。この保険料が浮いた分利益が増え、Mさんはこのあわただしい1カ月の間に、通常の約半年分の利益を上げることができたのでした。そして、この大特急の注文が当時のフセイン大統領用の大統領府の建物に使われていることがわかったのは、しばらくあとのことでした。

第 3 章

日本の 7 大総合商社

2020年現在、総合商社と呼ばれる商社は、5大商社である伊藤忠商事、三菱商事、住友商事、三井物産、丸紅に豊田通商、双日を加えた7社です。各社の最新動向と特徴を紹介し、さらに資産や売上総資産といった決算書の数字でも各社の動向を比較します。

Chapter3 01

伊藤忠商事の
最新動向と特徴

非資源分野に力を入れており、とくに生活消費関連ビジネスを強みとしている伊藤忠商事。近年では食料品関連の経営参画による好影響もあり、コンスタントに成長を続けています。

非資源ビジネスに強く安定した成長をみせる

伊藤忠商事は、従来から非資源ビジネスに力を入れていた会社です。連結純利益に占める非資源ビジネスの割合は約8割と、非常に多くを占めています。非資源ビジネスは、資源の価格変動の影響を大きく受ける資源ビジネスとは異なり、景気変動に対する耐性が強いため、2020年に起きた新型コロナショックにおいても、資源ビジネスに比べてさほど影響は受けませんでした。

そのため、比較的安定して収益を上げることができ、2020年には初めて総合商社の時価総額ランキングで、三菱商事を抜いて1位になりました。

非資源分野の中でも、とくに生活消費関連ビジネスを強みとしており、近年では食料品関連事業の経営参画による好影響も大きくなってきています。2020年にはファミリーマートを完全子会社化するなどの動きを見せています。

生活消費関連ビジネス
伊藤忠商事では繊維、食料、住生活、情報・金融、第8（新設組織）といった生活に関連したもののビジネスのこと。

人材を選抜して新たなカンパニーを設立

他社に比べてベンチャー企業への投資を積極的に行っているのも特徴的で、たとえば、情報・金融カンパニーではフィンテックやヘルスケア、宇宙事業などの成長領域でのビジネスを手掛けています。

また、近年ではタテ割り組織だけではカバーできないサービスやビジネスモデルが登場し、マーケットインの発想によってビジネスを進化させる必要が生まれています。その流れに乗るため、2019年7月から、既存の7カンパニーから消費者ビジネスに関連する多彩な知見・経験を有する人材を選抜して新たなビジネスや客先の開拓を目指す「第8カンパニー」を新設しました。

マーケットイン
市場や消費者の立場に立って、消費者のニーズを優先して商品を作り、提供していくこと。

▶ 連結純利益の8割を占める非資源ビジネス

資源・非資源ビジネスの割合

資源
ビジネス
24.6%

非資源ビジネス
75.4%

非資源ビジネスの主な内訳

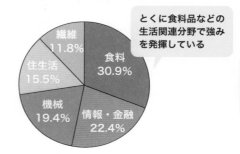

とくに食料品などの
生活関連分野で強みを
発揮している

繊維
11.8%

住生活
15.5%

食料
30.9%

機械
19.4%

情報・金融
22.4%

出所：有価証券報告書（2019年度3四半期）をもとに作成

▶ 伊藤忠商事のセグメント別資産

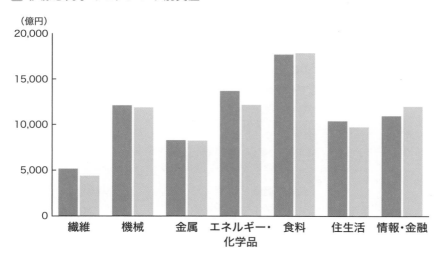

（億円）

20,000

15,000

10,000

5,000

0

繊維　機械　金属　エネルギー・化学品　食料　住生活　情報・金融

■ 前1四半期　　■ 当1四半期

出所：有価証券報告書（2020年度1四半期）をもとに作成

非資源ビジネスに強い伊藤忠商事は、2020年に生じた
新型コロナショックの影響もあまり受けていません

Chapter3 02

三菱商事の最新動向と特徴

従来の貿易を中心のビジネスから、事業投資に主軸をおいたビジネスへ転換した、総合力ナンバーワンの三菱商事。企業価値の向上を支援し、利益を上げるなどを通じ、ビジネスモデルの変革を進めています。

ナンバーワンの総合力を有するバランス型

5大商社の中でもナンバーワンの総合力を有している三菱商事は、2020年に伊藤忠商事に抜かれるまでは時価総額ランキングで首位をキープしていました。トップクラスの資産規模を有しているため、手掛けるビジネスの規模も大きく、政策や外交に大きく影響するものも多数あります。また、「所期奉公」の精神を重んじる社員教育も特徴です。

かつては資源分野に強いイメージのあった三菱商事ですが、資源ブームの減退に合わせ、非資源分野にも力を入れるようになり、2015年ごろには非資源分野が収益の5割を超えるようになりました。現在では資源分野・非資源分野ともにバランスよく事業を展開しています。

所期奉公
三菱創業の精神である「三菱三綱領」の1つで、三菱グループ共通の根本理念。期するところは社会への貢献という意味がある。

コンシューマー産業から食品産業へ

現在、事業部門はビジネスサービス部門、地球環境・インフラ事業グループ、新産業金融グループ、エネルギー事業部、金属グループ、機械グループ、化学品グループ、生活産業グループの、8つの事業部に分かれています。

従来はコンシューマー産業や金属グループによる利益が大きくありましたが、近年はコンビニ大手のローソンなど、食品産業にも力を入れています。

ほかの商社同様、貿易によって発展してきた三菱商事ですが、従来の貿易を中心としたビジネスから、事業投資を主軸においたビジネスへと変革を進めており、業界全体を見渡した取引先や投資先の競争力の強化、企業価値の向上を支援して利益を上げるビジネスモデルを築いています。

コンシューマー産業
リテール、アパレル・S.P.A、ヘルスケア、食品流通・物流など、消費社会における重要課題の解決に持続的に取り組む消費分野の産業。

三菱商事のビジネスモデル

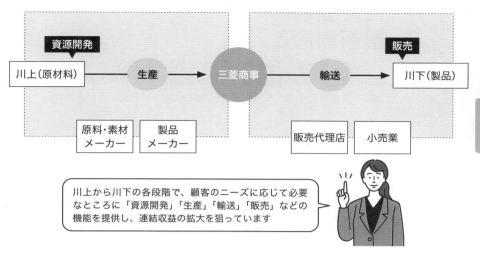

川上から川下の各段階で、顧客のニーズに応じて必要なところに「資源開発」「生産」「輸送」「販売」などの機能を提供し、連結収益の拡大を狙っています

事業部の収益の変化

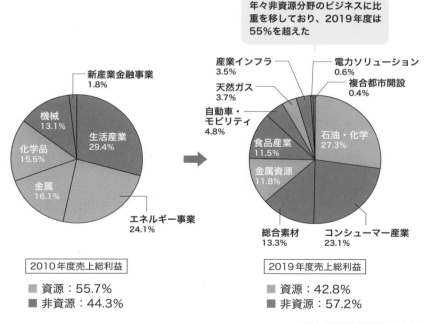

年々非資源分野のビジネスに比重を移しており、2019年度は55%を超えた

2010年度売上総利益
- 資源：55.7%
- 非資源：44.3%

2019年度売上総利益
- 資源：42.8%
- 非資源：57.2%

出所：有価証券報告書をもとに作成

Chapter3
03

住友商事の
最新動向と特徴

メディアや建設業に強みを持っており、航空機などのリースにおいては最大級の規模を誇っています。ほかの総合商社に比べて社会の影響を受けやすい企業ではありますが、得意事業では安定的に利益を上げています。

コロナショックの影響を大きく受ける

以前は三菱商事、三井物産と並び商社の「御三家」と呼ばれていた住友商事ですが、近年は下り調子が続いています。2020年に起きたコロナショックにより、2021年度以降の業績悪化も懸念されます。

住友商事はニッケルの世界的な需要を見込み、2005年よりマダガスカルでのニッケル採鉱事業である「アンバトビー・プロジェクト」を開始しました。この事業により年間5万トンという世界最大級の生産量を目指していた住友商事ですが、新型コロナウイルスの感染拡大により、マダガスカルで外出規制が行われた影響で、3月末から操業停止を迫られました。

加えて、ニッケル価格の下落見通しもあったことから、2020年4月～6月期の決算では、最終損益が410億円の赤字となるなど、大幅な減損を計上しました。

今後の感染者数の動向によりさらに外出規制が長引く場合、最終損益1500億円の赤字となるなど、事業への影響を予想しています（2020年10月16日時点）。

メディア事業で強みを発揮する

住友商事の特徴としては、メディアに強みを持っている商社であることが挙げられます。ケーブルTV国内シェアナンバーワンのJCOMを運営するなど、メディア事業にはとても注力しています。また、運輸・建設業にも強く、建設機械や航空機のリースは国内の総合商社で最大の規模を誇っています。

ほかの総合商社に比べて市況の影響を受けやすいですが、メディア事業や運輸・建設事業では安定的に利益を上げています。

ニッケル
耐久性などに優れ、携帯電話や医療機器、輸送、建築、発電など、日常生活の多くの場面で用いられる金属素材。

リース
半年から10年程度といった中長期で物件を借りること。短期のレンタルと違い、IT機器や機械設備など長く使うものが対象となる。

▶ セグメント別の当期利益または損失

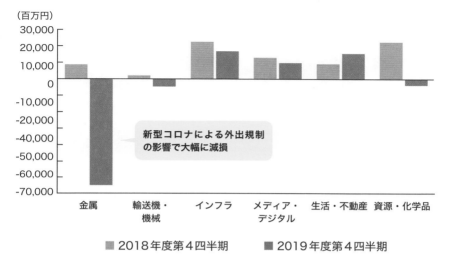

（百万円）

凡例：
- 2018年度第4四半期
- 2019年度第4四半期

吹き出し：新型コロナによる外出規制の影響で大幅に減損

横軸項目：金属、輸送機・機械、インフラ、メディア・デジタル、生活・不動産、資源・化学品

出所：有価証券報告書をもとに作成

▶ アンバトビー・プロジェクトの概要

ニッケルの採掘から地金精錬を同一国内で一貫して行う世界最大規模のニッケル生産事業に、2005年10月より参入。カナダの民間資源会社と、韓国の鉱物資源公社とともに国際的チームを構成してプロジェクトを推進している

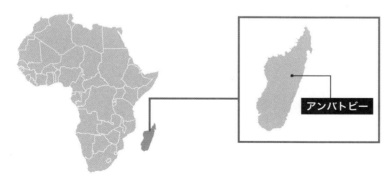

アンバトビー

出所：住友商事ホームページ

Chapter3 04

三井物産の最新動向と特徴

天然ガスや原油の開発などといった資源分野では、商社ナンバーワンの実力の三井物産。個人の創造性や個人プレーを重んじる傾向にあります。社員の人柄が付加価値として重視されています。

資源分野に強い三井物産

　三井物産の特徴は圧倒的に資源分野に強いことです。天然ガスや原油の開発、鉄鋼・石炭・銅・ニッケル・アルミの仲介といった資源分野では、商社ナンバーワンの実力を誇っています。

　しかし、資源分野は資源価格の影響をダイレクトに受けてしまう市況産業でもあります。そのため、2016年には財閥解体後初めての赤字を計上してしまうという苦い経験もあり、近年は、三井物産も経営方針のかじを切り替え始め、事業ポートフォリオのバランスを重視した総合商社として歩み出しつつあります。

財閥解体
GHQが連合国軍占領下の日本で行った過度経済力排除政策。同族によって出資・経営され、経済の推進力だった財閥が解体された。

インフラ事業、ヘルスケア事業などに投資

　非資源分野にも進出した三井物産は、鉄道などの運輸事業や、電力・水道などの国づくりに貢献できるインフラ事業、ヘルスケア事業などに巨額投資をしています。とくに、ヘルスケア事業に力を入れており、2016年にはパナソニックヘルスケアホールディングスの株式22％の取得を行いました。また、アジア最大の病院運営会社であるIHHヘルスケア（IHH Healthcare Berhad）との連携など従来の商社が手がけなかった事業を行っていることも特徴的です。IHHヘルスケアに対しては、2019年に2200億円の出資をしており、筆頭株主になっています。

　社風としては、「人の三井」といわれるように、個人の創造性や個人プレーを重んじる傾向にあります。資源分野を強みとしてきたため、トレーディング業務が比較的多いこともあり、担当する社員の人柄が付加価値として重視されるのでしょう。三井物産では自由闊達な文化を活かし、社員一人ひとりの「個性」を強く伸ばすことを目指しています。

▶ 三井物産の当期純利益に占める各事業の利益比率

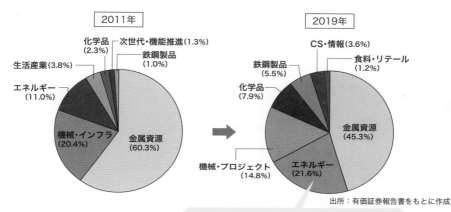

2011年

化学品 (2.3%)
次世代・機能推進 (1.3%)
鉄鋼製品 (1.0%)
生活産業 (3.8%)
エネルギー (11.0%)
機械・インフラ (20.4%)
金属資源 (60.3%)

2019年

CS・情報 (3.6%)
鉄鋼製品 (5.5%)
食料・リテール (1.2%)
化学品 (7.9%)
金属資源 (45.3%)
機械・プロジェクト (14.8%)
エネルギー (21.6%)

出所：有価証券報告書をもとに作成

まだ資源分野が大部分を占めているものの、徐々に非資源分野にも進出していることがわかる

▶ 病院事業における人的リソースの推移

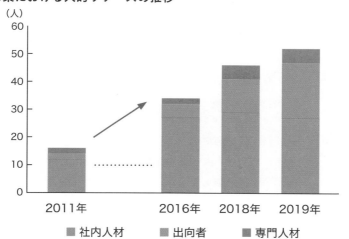

(人)

■ 社内人材　■ 出向者　■ 専門人材

出所：三井物産ホームページをもとに作成

三井物産は病院事業に人的リソースを確保することで、商機を伺っています。2030年にはアジアにおける医療費拠出額は3兆1000億ドルまで増える見込みで、将来に大きな期待がかかります

丸紅の
最新動向と特徴

貿易を徹底して強化している丸紅。社員には真の意味でのグローバル感覚を身につけてほしい、既成概念を崩すような人材に育ってほしい、と熱い思いで育成にのぞむ会社です。

電力と穀物の領域で強みを持つ

近江商人
近江国（現在の滋賀県）に本家を置く商人の総称で、江戸時代から明治にかけて活躍した。伊藤忠商事の創業者・初代伊藤忠兵衛もその1人。

丸紅はもともと伊藤忠商事の兄弟会社で、近江商人の考え方である「三方よし」（売り手によし、買い手によし、世間によし）を徹底的に体現している会社です。

事業としては、近年ほかの商社がトレードから事業投資へ移っている中、貿易を徹底して強化している特徴があります。また、5大商社の中では、とりわけ電力と穀物の領域で強みを持っている会社です。穀物の取扱量は国内ナンバーワンであり、それに派生した飼料・肥料のビジネスでも大きな収益を上げています。また、電力の発電容量も国内ナンバーワンとなっており、自社のノウハウを活用して、アフリカなど非電化地域の解消に向けたビジネスも積極的に手掛けています。

電力の発電容量
丸紅の持分発電容量は1万2219MW（2018年11月時点）。主な発電所は、長野県の三峰川第一発電所、山梨県の北杜川子石発電所、秋田県の秋田洋上風力など。

挑戦精神にあふれる

非電化地域
送電線といった電力インフラが未整備で、多くの世帯が電力にアクセスできない地域のこと。アフリカやアジアの発展途上国の農村部に多い。

社員には真の意味でのグローバル感覚を身につけてほしいという思いがあり、大きな志を持つこと、それに向けて挑戦すること、自由闊達に議論をすること、困難があっても突破すること、正義を貫くことを内容とした「丸紅スピリット」という行動指針を掲げています。そのため、若手の挑戦精神が好まれる傾向にあり、他社よりも、若いうちからさまざまな事業に挑戦できる環境が整っている特徴があります。新規事業創出に対する熱が強く、社内でもビジネスプランコンテストなどへの参加が積極的に推奨されています（234ページ参照）。

また、個人の興味関心を尊重する空気感があるため、大企業では珍しく、「好きを仕事にする」ことの実現可能性が他社と比べて高いといえそうです。

▶ 各事業部の売上総利益

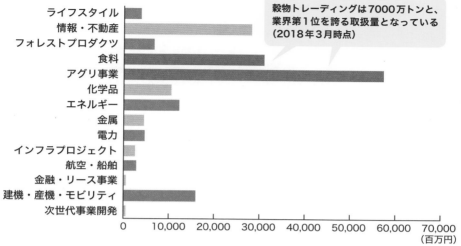

穀物トレーディングは7000万トンと、業界第1位を誇る取扱量となっている（2018年3月時点）

出所：有価証券報告書（2020年度第1四半期）をもとに作成

▶ 新規創出を目指した「15%ルール」

就業時間の15%（1日1時間程度）を、所属する部署にかかわらず自由な発想で新しい事業の企画立案やアイデア創出に充てることができる

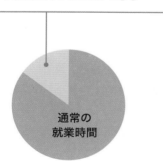

通常の就業時間

営業部　経理部

就業時間の15%を新しいビジネスの企画・打ち合わせに充てる

丸紅が開催するビジネスプランコンテストへ参加できる

Chapter3 06

豊田通商の
最新動向と特徴

事業投資を活用しながら、廃棄物の再利用やリサイクルなど、幅広い領域で機能を発揮している豊田通商。新興国を中心に市場の拡大を続けてきています。付加価値の提供を続け、幅広い分野で成長していくでしょう。

トヨタのDNAを受け継ぐ

トヨタグループ
トヨタ自動車を中核とした企業グループのこと。同社と資本関係や技術提携のある主要企業や分社化した事業会社、機能会社のことを指す。

CFAO
フランス最大の商社。自動車販売などで中・西アフリカに広くマーケットを展開しており、アフリカ全域にマーケットを展開する上で、東南部アフリカに強い豊田通商と方向性が一致した。

　トヨタグループの総合商社である豊田通商は、自動車産業に強みを持っています。さらに、自動車産業に必要な資材や製品・商品の供給だけでなく、事業投資を活用しながら、原材料となる資源開発、効率的な供給体制の企画立案・構築、廃棄物の再利用やリサイクルまで、従来の商社の枠にとらわれない幅広い領域で機能を発揮し、付加価値を提供しています。

　2006年にトーメンと合併し、互いのネットワークを活かして自動車分野以外の事業も発展させ、さらに2012年には**CFAO**社への資本参画をして、CFAO社の基盤の強い中・西アフリカへの事業展開を進めました。現在は、アフリカ53カ国で事業を展開するなど、事業の深堀と横展開を推進しています。

原油価格の低下による影響が懸念

　2016年には、今後10年のビジョンとして「Global Vision」を発表し、これまで強みとしてきた自動車分野を起点に、モビリティ分野、ライフ＆コミュニティ分野、アース＆リソース分野の3つの分野の成長を掲げました。

　このようにグローバル化を目指す豊田通商ですが、今後の動向としては課題も残されています。これまでアフリカ、アジアなどの新興国を中心に市場の拡大を続けてきましたが、急激な原油価格の低下が新興国経済に与える影響や、業界を超えた新たな勢力の参入など、今後もさらに厳しい競争環境が続くものと見られています。

　そのため、今後は自動車関連産業以外の分野においても、バランスよく成長していくことが求められるでしょう。

▶ 自動車本部の事業拡大

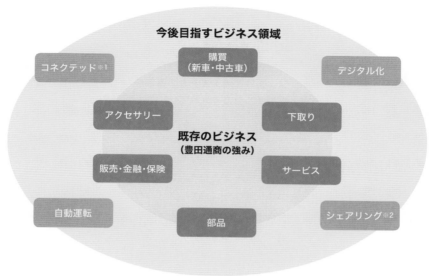

※1　自動車とトヨタスマートセンターが通信でつながるサービス
※2　自動車を複数人で共有するサービス

▶ アフリカ地域への事業進出

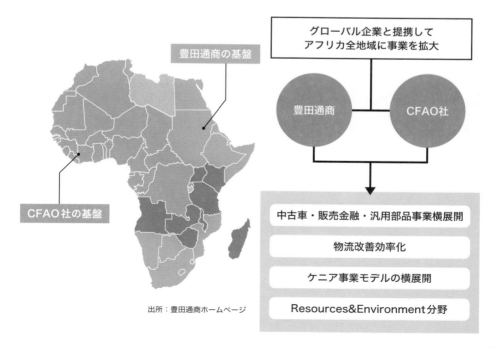

出所：豊田通商ホームページ

Chapter3 07

双日の
最新動向と特徴

国内民間航空機代理店シェアナンバーワンであり、また、荷物検査などで使用されるモニタリングや管理システムの構築をしています。関連事業として、空港周辺のホテル産業にも力を入れていくことが考えられます。

資源安下において黒字を保つ

ニチメン
双日の前身の総合商社。明治時代、中国から綿花を輸入した日本綿花から始まり、商社の日綿實業、総合商社化したニチメンと社名を変えた歴史がある。

日商岩井
双日の前身の総合商社。明治、大正に活躍した商社・鈴木商店をルーツとし、その貿易部門である日本商業を母体に日商を設立。その後、改称と合併を経て日商岩井となる。

リーマンショック
2008年9月、アメリカの投資銀行・リーマンブラザーズの経営破綻をきっかけに、連鎖的に発生した世界規模の金融危機のこと。

アジア通貨危機
1997年7月からタイを中心に始まった、アジア各国の急激な通貨の下落現象のこと。東アジア、東南アジアの経済に大きな影響を与えた。

2004年にニチメンと日商岩井が合併して誕生した双日は、国内民間航空機代理店としてナンバーワンのシェアを誇っています。また、日本企業初のベトナム駐在所開拓といった活躍をみせています。時価総額は総合商社の中では7位となっていますが、2014年以降の資源安の影響を比較的受けることなく、ほかの商社が大幅な減損となる中で黒字を保っています。

肥料事業、インドネシアの総合都市インフラ開発など、リーマンショックやアジア通貨危機といった経済のマイナス要因を乗り越えて主要事業へ成長させた案件もあり、自己資本比率は少ないものの逆境に強いというイメージを打ち出しています。7大総合商社の中で一番新しい商社ですが、合併による弊害もなく新しいことに挑むチャレンジ精神に溢れています。

航空産業部門で一歩先のビジネスを展開

最初に述べたように、双日の強みは航空産業部門であり、その実績を武器にした信頼を活かしたフットワークの軽いビジネスを展開しています。空港関連事業では、荷物検査等で用いられるICTを活用した各種モニタリングや管理システムの構築をしており、テロの警戒が高まる中、今後需要が見込まれます。このように、今後、必要とされる分野に携わっていることは双日の強みといえるでしょう。

また、海外に航空運営事業会社を立ち上げるなど、今までのノウハウを活かしつつ一歩先のビジネス展開も行っています。関連事業として、空港周辺のホテル産業にも着手するなど、航空産業部門の強みを活かしつつ、ほかの事業にも参入しています。

▶ 双日の当期純利益の推移

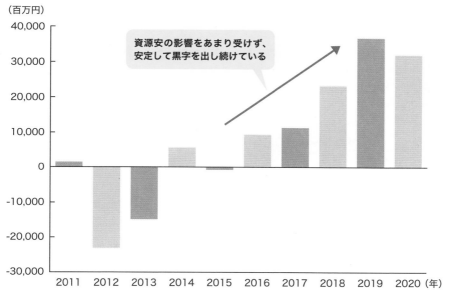

（百万円）

資源安の影響をあまり受けず、安定して黒字を出し続けている

出所：有価証券報告書をもとに作成

▶ 海外にも展開する航空関連事業

欧州
・リース・パーツアウト事業

アジア・太平洋
・リース・パーツアウト事業
・ビジネスジェット事業
・空港運営事業

日本
・代理店事業（民間/防衛）
・ビジネスジェット事業
・空港運営事業

北米
・リース・パーツアウト事業
・ビジネスジェット事業
・鉄道車両MRO事業

インド
・交通・輸送系インフラEPC事業

低迷する航空機本体の代理店事業に代わるパーツ事業を展開させ、安定収入を確保している

Chapter3
08

資産・従業員数で見る
７大総合商社の比較

2015年の資源価格の低迷から、商社業界は変化を続けています。伊藤忠商事が非資源ビジネスを武器に、三菱商事などとトップ争いをしています。資産や従業員数などの最新情報の比較をしていきましょう。

総合商社各社の総資産と比較

決算書の資産や従業員数などに焦点を当て、「7大商社」の比較をしてみましょう。

まず、総資産に焦点を当てると、18兆円の三菱商事が断トツ1位で、三井物産が11兆8000億円で2位、伊藤忠商事が10兆9000億円で3位になっています。そして、住友商事、丸紅、豊田通商、双日と続きます。三菱商事の総資産の大きさは、三井物産の約1.5倍、双日の約8倍となっており、総合商社の中でも規模に差があることがわかります。

従業員数から見るビジネスモデル

次に、従業員数を見れば各社がどういう人員構成でビジネスをしているのかがわかります。単体従業員数では、業界トップといわれている三菱商事がもっとも多い5882人。次いで三井物産が5676人、住友商事が5207人です。そして、丸紅、伊藤忠、豊田通商、双日と続いています。

しかし、連結従業員数でみると単体従業員数では4位だった伊藤忠が12万8219人でトップになり、単体1位だった三菱が2位で86098人、以降は、住友商事、豊田通商、丸紅、三井物産、双日の順です。こう見ると、とくに伊藤忠の連結従業員数の圧倒的な多さが目立ちます。

三菱商事や三井物産は単体に対し連結従業員が少ないのは、子会社の従業員数が少なくても利益を生みやすい、鉱山の資源権益ビジネス案件を多く抱えているためです。一方、連結従業員が多い伊藤忠は、ファミリーマートやドールなど、子会社に従業員を多く必要とするリテール寄りのビジネスに注力しています。

決算書
正式には財務諸表といい、一定期間の会社の経営状態や財務状況を表す書類のことを指す。主に、融資による資金調達を行う場合や、銀行などの金融機関がその会社に融資すべきか否かを判断する材料として使用する。

連結従業員
正社員だけでなく、契約社員・派遣社員・パート・アルバイトなどの「非正社員」も含んだ企業の被雇用者（従業員）に加え、連結対象となっているグループ会社の社員までを含んだ従業員のこと。

リテール
個人の消費者に向けた小売のこと。卸売を指す「ホールセール」の対義語として用いられる。

▶ 7大総合商社の2019年度総資産比較

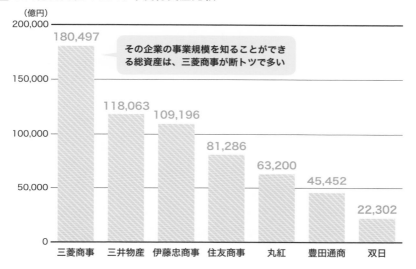

（億円）

その企業の事業規模を知ることができる総資産は、三菱商事が断トツで多い

- 三菱商事 180,497
- 三井物産 118,063
- 伊藤忠商事 109,196
- 住友商事 81,286
- 丸紅 63,200
- 豊田通商 45,452
- 双日 22,302

出所：各社の決算書をもとに作成

▶ 7大総合商社の従業員数の比較

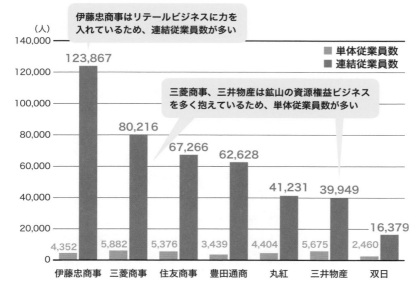

（人）

■ 単体従業員数
■ 連結従業員数

伊藤忠商事はリテールビジネスに力を入れているため、連結従業員数が多い

三菱商事、三井物産は鉱山の資源権益ビジネスを多く抱えているため、単体従業員数が多い

- 伊藤忠商事 123,867 ／ 4,352
- 三菱商事 80,216 ／ 5,882
- 住友商事 67,266 ／ 5,376
- 豊田通商 62,628 ／ 3,439
- 丸紅 41,231 ／ 4,404
- 三井物産 39,949 ／ 5,675
- 双日 16,379 ／ 2,460

出所：各社のホームページをもとに作成

Chapter3 09

ROAとROEで見る 5大総合商社の比較

数十％の利益率がある業界がある中、商社業界の利益率は1〜2％と極めて低いです。商社は、他業界とは桁違いの売上を上げることで、この低利益率をカバーしています。そんな各社の実力や利益性を比較します。

実力を比較するROA

2018〜2019年の専門商社の業界規模が46兆5748億円、総合商社の業界規模は53兆7446億円です。全業界の中では、総合商社が6位、専門商社が8位につけています。他業界に比べ利益率が低い商社ですが、その事業規模の大きさで利益を生み出しています。

そして、各商社の実力を比較する場合は、総資産と利益の両方で対比をさせる「ROA」が適しています。ROAが一番高い商社は、伊藤忠商事です。ほとんどが3％台の中、伊藤忠だけ約5％と突出しています。ちなみに、三菱商事、三井物産、住友商事、伊藤忠商事、丸紅の5大商社は営業利益が当期利益よりも小さいです。これは、5大商社は石油や鉄、天然ガスなどの海外投資で権益系のビジネスが大きいことを示しています。

利益性を示すROE

また、自己資本が利益にどれだけ貢献したかという収益性を示す指標である「ROE」も2位の三菱商事10.2％と6％の差をつけて伊藤忠商事が16.7％で1位になっています。

なお、丸紅は2019年度は赤字決算でしたが、2018年度は12.3％と伊藤忠についで2位でした。というのも、実は、財務レバレッジは各社3.2〜3.6倍なのに対して、丸紅は4.2倍と相対的に高くなっているということが関係しています。財務レバレッジが高いということは、負債を有効利用しているということです。しかし、もし有利子負債の返済や利息の支払いなどに圧迫されれば、キャッシュフローが苦しくなるので、財務状況には細心の注意が必要です。

ROA
総資産利益率のこと。会社の総資産を利用してどれだけの利益を上げられたかを示す数値。

ROE
自己資本利益率（株主資本利益率）のこと。純資産に対してどれだけの利益を上げられたかを示す数値。

財務レバレッジ
総資産に対する負債の割合を示す指標で、総資産を自己資本で割って求める。

キャッシュフロー
会社に入ってくるお金（収入）から、会社から出ていくお金（支出）を差し引いた収支のことであり、お金の流れを示すもの。

> 5大総合商社のROAの推移

ROA ＝（ 親会社株主に帰属する当期純利益 **÷** 期首期末平均総資産 **）×100**

投下された総資本に対して、いくらの利益を稼いだのかがわかる指標のこと

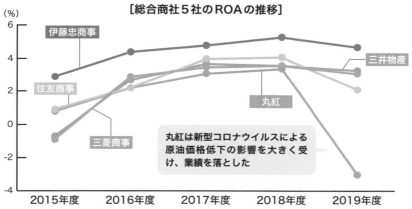

[総合商社5社のROAの推移]

丸紅は新型コロナウイルスによる原油価格低下の影響を大きく受け、業績を落とした

出所：各社有価証券報告書をもとに作成

> 5大総合商社のROEの推移

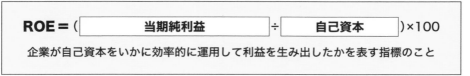

ROE ＝（ 当期純利益 **÷** 自己資本 **）×100**

企業が自己資本をいかに効率的に運用して利益を生み出したかを表す指標のこと

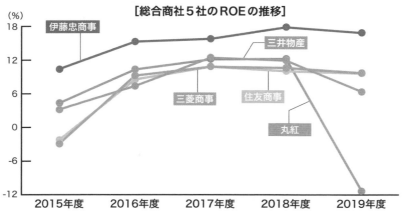

[総合商社5社のROEの推移]

出所：各社有価証券報告書をもとに作成

売上総利益・自己資本比率で見る
7大総合商社の比較

2015年の資源価格の低迷により、各社大きな損失を被りました。そんな中、非資源ビジネスへ注力していた伊藤忠商事が売上総利益でついにトップに躍り出るなど、勢力図に変化が見られています。

変わりつつある商社業界の勢力図

財閥
第二次大戦前の日本で、同族の閉鎖的な所有・支配のもとに、持株会社を中核として多角的経営を行っていた独占的巨大企業集団のこと。主に三井、三菱、住友、安田などを指す。

　総合商社の勢力図を語る上で、2015年の資源価格の低迷は大きな転換点となり資源をメインとする財閥系商社、三菱商事、三井物産、住友商事が大きく業績を落としました。その一方、非資源商社No.1を目指す伊藤忠商事が2019年に売上総利益で長年1位を守っていた三菱商事を抜き、トップに躍り出ました。

　さらに、純利益や自己資本比率を見ることでも各社の特徴を捉えることができます。

安定して利益を上げる三菱商事

　たとえば、資源ビジネスを中心としている三菱商事は、2019年度は売上総利益、自己資本比率ともに悪化しましたが、2016年度以降、順調に利益を上げています。資源をメインビジネスとしながらも着実に非資源も伸ばしており、バランスよくビジネスを展開していることが安定成長の理由でしょう。

成長が目覚ましい伊藤忠商事

売上総利益
売上から商品の原価（仕入高）を差し引いたもの。粗利、粗利益とも呼ばれる、もっとも基本的な利益。

自己資本比率
貸借対照表から読み取れる会社の安全性を見るための指標であり、負債および純資産の合計額（総資本）に占める純資産の割合のこと。

　また、伊藤忠商事はここ数年、売上総利益、自己資本比率ともに成長傾向にあります。とくに、売上総利益は7大総合商社の中でも成長が目覚ましく、2017年度には6000億円以上の差をつけられていた三菱商事をついに追い抜きました。

　伊藤忠商事はかねてから繊維カンパニー・食料カンパニーによる非資源のビジネスに強みを持っています。これらは資源と比べ価格変動のリスクが小さい商材であり、他社が苦戦を強いられる中、資源価格や業績に左右されない攻めの財務体制でビジネスを展開することができました。

▶ 7大総合商社の売上総利益の推移

2019年度に伊藤忠商事が
三菱商事を抜きトップへ

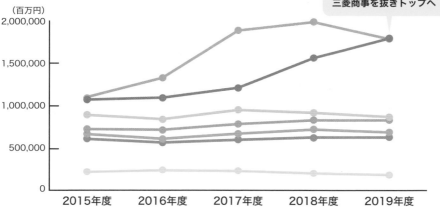

（百万円）

出所：各社短信決算をもとに作成

■ 伊藤忠商事　■ 三菱商事　■ 住友商事　■ 三井物産　■ 丸紅　■ 豊田通商　■ 双日

▶ 7大総合商社の自己資本比率の推移

自己資本比率においても、順調に
業績を伸ばす伊藤忠商事が1位に

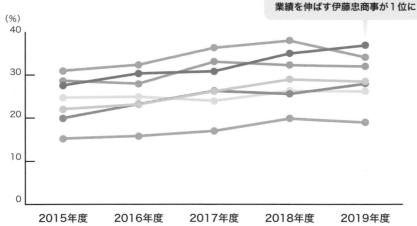

（%）

出所：各社有価証券報告書をもとに作成

■ 伊藤忠商事　■ 三菱商事　■ 住友商事　■ 三井物産　■ 丸紅　■ 豊田通商　■ 双日

商社は土地や建物などの固定資産の保有分が少なく、常に資産を動かして利益につなげているため、自己資本比率が低い傾向にあります

売上総利益に対して純利益が高い豊田通商

　次に純利益の面から各社を比較してみましょう。2019年度の数字では、2位の伊藤忠商事（5013億円）と僅差で、三菱商事が5354億円で1位となっています。この2社がともに5000億円以上と抜け出ており、その下に3915億円の三井物産、1714億円の住友商事、1356億円の豊田通商、608億円の双日、-1975億円の丸紅と続きます。

　ここで注目したいのが、売上総利益では6位だった豊田通商が6位に大きく差をつけ5位に入っている点です。純利益が高いということは最終的に企業に残る儲けが多いということなので、今後の成長が期待できるという見方ができます。

営業キャッシュフローは伊藤忠商事が1位

　ここまで、売上総利益と自己資本比率から各社の特徴について見てきましたが、ほかにもキャッシュフローという観点から特徴を捉えることができます。

　キャッシュフローには、営業、投資、財務の3種類のキャッシュフローがありますが、今回は各社の経営状況が一番わかりやすいとされる営業キャッシュフローを見ていきましょう。

　各社の営業キャッシュフローを比較すると、1位は純利益で2位の伊藤忠商事で、営業キャッシュフローは8781億円。2位は三菱商事で8497億円、3位は三井物産で5264億円という結果です。続いて、4位が丸紅で3270億円、5位が住友商事で3266億円、6位が豊田通商で2678億円、7位が双日で405億円となっています。当期純利益とは少し違う順位になりました。

　営業キャッシュフローは、営業活動でどれだけ資金を集めたかということです。この数字が高いということは事業が順調であることの裏付けともいえ、伊藤忠商事は純利益でも僅差で2位だったこともあり、ますます伊藤忠商事の時代がやってくる可能性が高くなりました。

　また、純利益では最下位だった丸紅ですが、営業キャッシュフローでは高い数字を残しており、稼ぐ力はしっかりと維持できているといえるでしょう。

営業
キャッシュフロー
商品やサービスの仕入れや売上によるお金の流れのこと。本業である営業活動でどれだけ稼いだかを示すものであり、マイナスになると収入より支出が多いことになる。

▶ 7大総合商社の利益（2019年度）

純利益ランキング	
1 三菱商事	5354億円
2 伊藤忠商事	5013億円
3 三井物産	3915億円
4 住友商事	1714億円
5 豊田通商	1356億円
6 双日	608億円
7 丸紅	−1975億円

営業キャッシュフローランキング	
1 伊藤忠商事	8781億円
2 三菱商事	8497億円
3 三井物産	5264億円
4 丸紅	3270億円
5 住友商事	3266億円
6 豊田通商	2678億円
7 双日	405億円

出所：各社有価証券報告書をもとに作成

第3章

日本の7大総合商社

👍 ONE POINT

投資キャッシュフローと財務キャッシュフロー

投資キャッシュフローとは、おもに固定資産の取得や売却による資金の変化のことです。営業活動に必要な固定資産を購入すると、投資キャッシュフローはマイナスされます。持っている資産を売却した場合には、現金が入ってくるので投資キャッシュフローはプラスされます。一方、財務キャッシュフローとは、営業活動や投資活動のために行う、資金の調達や返済によって起こる資金の変化のことです。社債の発行や株主などへの配当金の支払いが含まれます。

マザーズ上場第1号裏話

I総合研究所の株価が7000万円超にまで急騰

　1999（平成11）年11月11日、東京証券取引所（東証）は成長性が見込まれる企業に資金調達をする場を提供するため、上場基準を緩和した「東証マザーズ」を開設しました。12月22日には第1号案件として、2社のITベンチャー企業が上場。そのうちの1社がI総合研究所です。

　S商事はその4年ほど前から、I総合研究所とインターネットを支えるバックボーン事業で協業していました。担当のMさんはI総合研究所の依頼もあって同社の株式を取得しており、資本関係も強固なものでした。

　世界中とつながっているインターネットの物理的な基盤は、地球上に張り巡らされた光ファイバーケーブルで、その接続点をIXPと呼びます。I総合研究所はこのIXP事業を担っており、インターネットの爆発的普及が見込まれていた折柄、その事業の将来性は非常に明るいという評価を得ていました。

　12月22日、鳴り物入りで開場したマザーズでしたが、I総合研究所株は売りに対して買いが入りすぎて、売買が成立しませんでした。2、3日目も値段がつかず、初値をつけたのが4日目で1株なんと5300万円でした。その後、さらに株価が上昇し、翌新年を迎えても市場は熱いまま1株7000万円超まで吊り上がりました。ついに東証より株式分割の依頼があり、I総合研究所はまず10分割しました。これで1株当たりの単価が10分の1になったものの、それでも売りが足りません。そこで、追加措置として既存株主のS商事に「冷やし玉（公開株に追加して、既存株主から市場に株を放出すること）」の依頼が来たのです。

　Mさんは何回かに分けて冷やし玉を放出し、市場の沈静化に協力することになりました。すると、これがS商事社内にある僥倖をもたらします。その年度の決算でMさんが所属する機電部門は数十億円の赤字予算を組んでいたのですが、この株式売却益によって一気に十数億円の黒字になるという、まさに逆転満塁ホームランとなったのでした。

第 4 章

分野に特化した
専門商社

幅広い事業を展開する総合商社に対し、特定分野に特
化した商社を専門商社といいます。商社系・メーカー
系・独立系の3種類に分類される専門商社が、それぞ
れどのような商材を扱い、どのような事業を展開して
いるのかを解説します。

大きく3種類に分類される

商社系・メーカー系・独立系の主な専門商社

特定の分野に特化してビジネスを行う「専門商社」は、大きく分けて3つの種類に分けることができます。ここでは、それぞれどのような特徴があるか解説していきます。

総合商社の子会社として発足した商社系

専門商社とは、商社を表すひとつの分類名であり、特定の分野に特化して主に「トレードビジネス」を中心に行い、総合商社とは異なる商社を指します。(20ページ参照)

そして、専門商社にはさまざまな種類があり、鉄鋼商社や化学商社、食品商社、繊維商社などの専門分野に合わせて分類されるほかに、大きく分けて総合商社系、メーカー系、独立系の3つに分類することができます。

1つ目が総合商社系の専門商社です。総合商社の特定分野を中心に設立されたり、総合商社の子会社として事業投資を受けたりして発足した専門商社です。幅広い分野を手掛ける総合商社では扱いにくい専門性の高い商材を扱い、比較的小口の取引や小規模な案件を担当します。三菱商事の子会社である三菱食品や、伊藤忠商事と丸紅の鉄鋼部門が分社、統合して誕生した伊藤忠丸紅鉄鋼、伊藤忠商事系列の石油製品などを取り扱う伊藤忠エネクス、三菱商事と双日の鉄鋼部門を分社化して統合したメタルワンなどの企業がこれに該当します。

メーカーの貿易部門を担うメーカー系

2つ目はメーカー系専門商社です。特定のメーカーをバックに持ち、メーカーの貿易部門として独立した専門商社です。たとえば、元のメーカーが自動車メーカーなら部品や機械の専門商社となり、食品メーカーなら食品の専門商社となり、元のメーカーの商品を扱い、その製品を売ることが主な仕事になります。

花王グループの花王カスタマーマーケティングやJFEホールディングスグループの鉄鋼専門商社であるJFE商事、日産自動車の

分社
事業の部門を組織から切り分け、独立した子会社を設立すること。

統合
持ち株を管理する持株会社となる新設会社を設立し、複数の会社が100%子会社として傘下に収まる手法のこと。

総合商社より特定の分野に特化し、トレードビジネスを中心に事業を展開する専門商社だが、設立経緯によって大きく3つに分類される

	内容	特徴	主な企業
総合商社系専門商社	総合商社の特定分野を中心に設立されたり、総合商社の子会社として事業投資を受けたりして発足した専門商社	幅広い分野を手掛ける総合商社では扱いにくい専門性の高い商材を扱っている	三菱食品、伊藤忠丸紅鉄鋼、伊藤忠エネクス、メタルワンなど
メーカー系専門商社	特定のメーカーをバックに持ち、メーカーの貿易部門として独立した専門商社	主にお抱えメーカー先から提案された商品を商材として中心に扱っている	花王カスタマーマーケティング、JFE商事、日産トレーディング、サントリーマーケティング＆コマースなど
独立系専門商社	メーカーや総合商社に属さず、単独で事業を行っているため、独自の歴史やコネクションを持つ専門商社	ほかの専門商社と比べて、仕入れる商品や営業先の自由度が高いことが特徴	三洋貿易、ラクト・ジャパン、阪和興業、兼松など

かつて10大総合商社の1つとして数えられた兼松も現在は専門商社として事業を行う

日産トレーディング、サントリーグループのサントリーマーケティング＆コマースなどの企業がこれに該当します。

独自の歴史を持つ独立系

　3つ目は独立系専門商社です。メーカーや総合商社に属さず、単独で事業を行っているため、独自の歴史やコネクションを持つ専門商社です。また、ほかの専門商社と比べて、仕入れる商品や営業先の自由度が高いことも特徴として挙げられます。

　かつて10大総合商社の1つであった兼松やゴム・化学品を扱う三洋貿易、乳製品の輸入を中心とする食品専門商社のラクト・ジャパン、鉄鋼を始め非鉄金属、食品、石油、化成品、木材、機械など幅広いビジネスを展開する阪和興業などの企業がこれに該当します。

兼松
専門商社。かつては総合商社であったが、バブル崩壊による不況の影響から事業の選択・集中を行い、現在は「電子・デバイス」「食料」「鉄鋼・素材・プラント」「車両・航空」の分野におけるビジネスを展開している。

Chapter4
02

一点特化型の専門商社
扱う商材の特徴は？

世の中には多くのモノが溢れかえっています。その中で、専門商社が扱う商材は、一体どれだけあるのでしょうか。専門商社が扱っている商材は主に6種類に分類することができます。

特定の商材を幅広い分野の業界に流通

総合商社は、「ラーメンからミサイルまで」とよくいわれている通り、食品、石炭、車、水力発電所など多くの商材を幅広く取り扱います。それに対して専門商社のビジネスは、特定の分野に特化した商品の流通です。

商材の種類は主に、鉄鋼・機械・化学品・エネルギー・繊維・食品の6種類で分類することができます。

たとえば、医薬品・化学製品の専門商社は医療機関で使用されたり、処方箋に基づいて供給される「医療用医薬品」や、薬局やドラッグストアで販売されている「一般用医薬品」を主な商材として扱います。

また、繊維の専門商社は繊維メーカーから繊維を調達し、アパレル業界や量販店を始め、自動車業界や医療業界など、幅広い分野の業界に提供しています。取り扱っている繊維は主に2種類に分けられ、綿や麻・絹などの洋服に使われる天然繊維、ポリエステルなど洋服に使われるものから自動車の部品や医療器具にも使用される化学繊維などが存在します。

発電事業に展開するエネルギー

一方、エネルギーの専門商社は「電力」「ガス」「石油」などのエネルギー源の流通がメインですが、近年は発電事業にも手を伸ばしています。たとえば、燃料商社の首位企業として挙げられる伊藤忠エネクスは発電（石炭火力、天然ガス火力、風力、水力、太陽光など）並びに電力、工場向け蒸気の販売、発電設備の運転・保守受託などを新規事業として展開しています。

医療用医薬品
病院や診療所などで、医師の診断にもとづき、薬剤師によって処方される医薬品のこと。

一般用医薬品
薬局や薬店、インターネットでも購入できる医薬品のこと。医療用医薬品に比べ、有効成分の含有量が少ない。

保守受託
IT機器などのメンテナンスや障害受付などの保守事業を、外部の企業に委託すること。

▶ 専門商社が扱う商材の6分類

分類	商材	説明
鉄鋼	鉄鋼製品	・多くの鉄鋼をメーカーから買い付け海外へ輸出する流通事業を主に取り扱っている ・鉄鋼という産業の元となる商材を扱っているため、海外企業とのやり取りが多い
機械	製造業の現場で稼働している設備など	・主に機械を工場などに売る卸売業を行っている ・近年は、中国などアジア諸国を始めとする海外展開も積極的に行っている
化学品	医療用医薬品、一般用医薬品	・医薬品の製造、流通、販売、使用に関するさまざまな法律や制限などを順守しながら医薬品を顧客に提供する
エネルギー	電力、ガス、石油など	・主にエネルギー源を取り扱う（輸入した石油を応用した石油製品を国内で販売、輸出入するなど） ・近年、発電事業を行う企業も増えてきている
繊維	天然繊維（綿、麻、絹、羊毛）、化学繊維	・アパレル業界だけでなく、自動車製品や医療製品を製造する業界などを含む幅広い分野の業界と国内外を問わず取引を行っている
食品	缶詰、調味料、菓子、冷凍食品、酒類	・主に原材料を調達したり、メーカーと小売店の物流事業を取り扱っている ・市場のニーズを分析し顧客に活動提案を行ったり、商社によっては自社オリジナル商品を開発・販売するなど「食」を中心としたさまざまな事業を展開する

専門商社の仕事は
トレードビジネスが中心

商社の仕事内容のうち、とても大きな役割を持つのが商品の仕入れや販売を行うトレードビジネスです。その中で、専門商社の「専門性」は、どのように発揮されているのでしょうか。

分野に特化した知識を活かした卸売業

専門商社とは、もともと特定の分野に特化した商社のことでした。現在は、日本貿易会の見解により、トレードビジネスをメイン事業とする商社のことを指します。しかし、扱う分野が広がったわけではなく、依然としてその専門性は保たれています。

トレードビジネスでは、ただ物を右から左に流すわけではなく、物を運搬する際のリスクや、運搬時に発生する諸手続きを顧客の代わりに行います。その際に、分野に特化した知識や経験を活かし、より付加価値が高い状態で商品を流通させるのが、専門商社のビジネスです。

運搬時に発生する諸手続き
貿易に伴う配送手配や保険手配、通関（輸出入の許可）手配などのこと。

メーカー選びや交渉で知識が活かされる

たとえば、エネルギー（石炭）の専門商社の場合、顧客である日本の電力会社から「石炭を11月までに○○トンほしい」と依頼されたら、専門商社は海外の石炭メーカーに声をかけ、価格・期日の交渉を行い、石炭を仕入れ、自社の利益を上乗せして石炭の販売契約を結びます。このメーカー選びや交渉の際に、専門商社の分野に特化した知識が活かされます。その後、船の手配や書類の作成を行い、期日内に電力会社に石炭を納品します。

依頼に関しては、売り手から案件を持ちかけられ商売を行うケースもあれば、先に商品を仕入れておいて、販売先を探すケースもあります。

また、それ以外の業務として近年は、専門的なノウハウを活用してファイナンスや商品開発などを行い、原料の調達から消費者への販売まで一貫して手掛けるケースも増えました。それに伴い、自社工場を持つ専門商社も出てきています。

ファイナンス
「金融」や「財政」を表す言葉で、一般的には企業の資金調達のことを指す。

▶ 専門商社はトレードビジネスがメイン

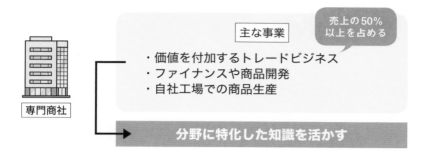

主な事業

売上の50%
以上を占める

・価値を付加するトレードビジネス
・ファイナンスや商品開発
・自社工場での商品生産

専門商社

分野に特化した知識を活かす

▶ エネルギー系専門商社のトレードビジネス

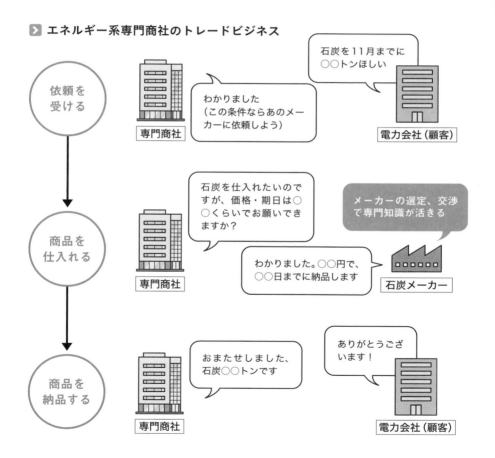

依頼を
受ける

専門商社

石炭を11月までに
○○トンほしい

わかりました
(この条件ならあのメー
カーに依頼しよう)

電力会社(顧客)

商品を
仕入れる

石炭を仕入れたいので
すが、価格・期日は○
○くらいでお願いでき
ますか?

メーカーの選定、交渉
で専門知識が活きる

わかりました。○○円で、
○○日までに納品します

専門商社

石炭メーカー

商品を
納品する

おまたせしました、
石炭○○トンです

ありがとうござ
います!

専門商社

電力会社(顧客)

Chapter4
04

総合商社にはない
専門商社の独自性

幅広くさまざまな商材を扱う総合商社と比べて、一点特化型の専門商社は、まさしく「その道のプロフェッショナル」。特定の業界に精通していることで、顧客から支持も厚くなっています。

● 業界内において顧客との距離感が近い

専門商社の特徴としてまず挙げられるのが、特定の分野に特化して事業を行うことができることです。それに伴い、独自のノウハウ（知識）やメーカー・顧客との太いパイプ（人脈）を持っていることは総合商社にはない強みになっています。

専門分野の業界に精通しているということは、その業界の現在も過去もよく知っているということなので、その分動向もつかみやすくなっています。また、業界を知り尽くしているため、リスクヘッジも取りやすいといえるでしょう。

そして最後に、顧客との距離感が近いことが挙げられます。専門商社は、会社の規模が総合商社よりも小さいですが、業界内においては、総合商社では扱えない規模の多くの会社との深い関係性を築くことができます。

そのため、細やかな顧客メンテナンスができますし、サプライヤーと顧客の両方面で、お互いをよく知っているだけに見通しも立てやすくなります。ですから、小回りが利くほうがよい仕事であれば、「専門商社を起用したほうが楽に仕事が進む」という判断になるわけです。

● 専門分野の需要に大きく左右される

しかし、その反面、専門商社の経営には総合商社と比べてその分野の需要に大きく左右されます。業界に大きなダメージを与えるようなことが起きた際は、逃げ場がなく、影響をそのまま受けてしまうのです。また、専門性に特化していることによって自由度が低くなり、その枠を超えた部分への進出を試みることが難しくなってしまうという一面もあります。

リスクヘッジ
起こりうるリスクの程度を予測して、リスクに対応できる体制を取って備えること。

サプライヤー
ある商品やサービス、商品の原料や部品などを供給する側の事業者のこと。

▶ 専門商社の特徴

専門商社の長所

①特定の業界への専門性
特定の分野に特化して事業を行うことができるため、独自のノウハウやメーカー・顧客との太いパイプを持つ

②リスクヘッジが取りやすい
その業界の現在も過去もよく知っているためことで、その経験値を活かしたリスク管理がとれるため、大きく失敗にはつながりにくい

③顧客との距離感が近い
業界内の多くの企業と深くかかわりを持てるため、キメの細かい適切な対応をとることができる。サプライヤーと顧客の両方向で、お互いをよく知っていることで、事業の見通しが立てやすい

専門商社の短所

①専門分野の需要に左右される
専門分野の需要の落ち込みや市場縮小などが大きく影響する。業界に大きなダメージを与えるような出来事が起きても避けられない

②自由度が低い
専門性を特化している分、枠を超えた部分への進出を試みることは難しくなってしまう

③トレーディング事業の低迷
インターネットの普及により、商社を通さずに取引するケースが以前よりも増えたため、従来のトレーディング事業中心の経営は厳しい状況にある

複雑な依頼になるから、小回りが利く専門商社に依頼しよう。この分野ならあの専門商社が頼りになりそう

顧客

総合商社系専門商社の特徴

総合商社の1部門として設立されることが多い総合商社系専門商社ですが、複数の総合商社共同で設立されることもあります。総合商社系専門商社には、どのような特徴があるのでしょうか。

複数の総合商社による共同事業

総合商社系専門商社の事業は基本的には、総合商社と変わりませんが、比較的小規模で専門性が高い案件を扱います。中には複数の商社の共同で設立される専門商社もあります。

伊藤忠丸紅鉄鋼株式会社は2001年10月、伊藤忠商事と丸紅との総合商社業界初となる鉄鋼部門の統合により誕生しました。同社は総合商社の鉄鋼製品部門の「分社型共同新設分割」という形を採用し、大きな市場構造の変革に対応し、時代に求められる「機能の進化としくみ作り」を目指して、業務の効率化・新たな事業領域への取り組みを行っています。

たとえば、主に造船、建設業界を担当する「鋼材第一本部」では、伊藤忠商事・丸紅だけでなく住友商事を加えた3社で、グループネットワークを最大限に活用できる「伊藤忠丸紅住商テクノスチール」という新たな専門商社を設立しました。現在、全国15カ所に営業拠点を有し、ゼネコン・加工業者・鋼材特約店・建材製品メーカーなどへ資材を提供しています。

鋼鉄部門が石油業界も支える

ほかにも、国内外における石油・天然ガス開発分野に注力し、エネルギーの安定供給に寄与している「鋼管本部」では、米国のシェールオイルによる石油生産の急拡大に伴い、事業を拡大しています。油井管販売・サービスの枠を一層拡大し、全米をカバーする体制を整え、米国の石油開発・生産を支えるコアプレイヤーの1社として世界に進出しています。

このように、総合商社系専門商社の機能は年々多角化してきているのです。

分社型共同新設分割
共同新設分割は2社以上の企業がそれぞれ事業を分割して、新設会社に引き渡すことで、分社型新設分割は事業を引き渡す対価として新設会社の株式を受け取ること。

シェールオイル
地下深くの硬い地層に含まれる原油のこと。2010年ごろからアメリカやカナダを中心に生産が増えている。

▶ 商社系専門商社の特徴

❶ 総合商社では扱えない専門性の高い商材を扱う
❷ 比較的小規模の事業を扱うことが多い
❸ 複数の総合商社が共同で設立するケースもある

▶ 複数の総合商社が関わる総合商社系専門商社の例

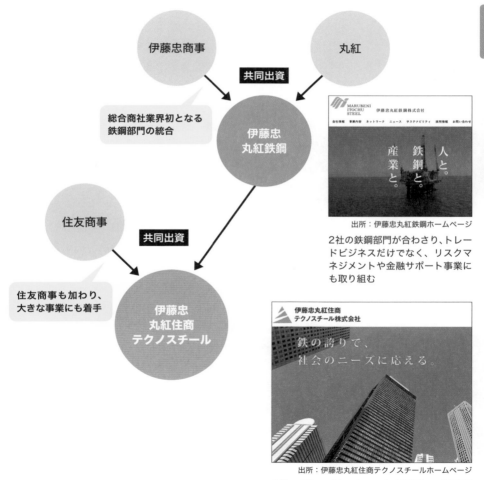

伊藤忠商事 → **共同出資** ← **丸紅**

総合商社業界初となる
鉄鋼部門の統合

伊藤忠丸紅鉄鋼

出所：伊藤忠丸紅鉄鋼ホームページ

2社の鉄鋼部門が合わさり、トレードビジネスだけでなく、リスクマネジメントや金融サポート事業にも取り組む

住友商事 → **共同出資**

住友商事も加わり、
大きな事業にも着手

伊藤忠丸紅住商テクノスチール

出所：伊藤忠丸紅住商テクノスチールホームページ

3社のグループネットワークを活用し、全国15カ所から資材を提供。国内外の石油・天然ガスエネルギーの安定供給に寄与している

Chapter4
06

メーカー系専門商社の特徴

商品メーカーの販売機能に特化した部門として設立されるメーカー系専門商社は、扱う商品が自社メーカーの商品に限られるため、商品が生産されてから小売店に引き継がれるまで業務を担います。

利益はメーカーの商品に左右される

　メーカー系専門商社はその名の通り、主に自社グループの商品を取り扱ってビジネスを行う専門商社です。すでに販売する商品が決まっており、顧客を探して売ることを主な事業内容とし、メーカーの販売機能に特化しています。

　しかし、基本的に自社メーカー以外の商品を取り扱うことはできません。顧客へ提案する際、自社メーカー以外の商品のほうがベターな提案となる場合でも、自社商品を提案しなくてはならず、利益は自社メーカーの商品力に左右されることが多いです。

自社メーカーの商品を安定的に仕入れられる

　一方、自社メーカーの商品を安く安定的に仕入れることができるので、販売する商品に困ることはなく、メーカーとの結びつきも強いので、入手できる情報の新鮮度や信ぴょう性がほかの専門商社と比べて極めて高いという特徴があります。

　たとえば、有名なメーカー系専門商社の1つである「花王グループカスタマーマーケティング（KCMK）」は、大手化学メーカー「花王」系列の専門商社です。ブランドの持つ価値を消費者に正しく伝えることを企業理念として掲げ、商品陳列、売場演出、プロモーション手法などを顧客とメーカーのニーズに合わせて提案できることが強みとなっています。

　加えて、同社はホームセンター大手のカインズが主催する大手メーカー15社と共同企画した商品を扱う「カインズデザイン展」への参加や、静岡を拠点とするホームセンター「エンチョー」と「ECO得キャンペーン」を共同で実施するなど、多種多様なキャンペーンの展開にも力を入れています。

自社商品
自社が販売する製品であれば、他社が生産した商品であっても自社商品と呼ぶ場合もあるが、この場合は自社メーカーが製造する商品のこと。

▶ メーカー系専門商社の特徴

❶自社メーカーの商品を安定的に仕入れることができ、仕入れ先に困らない
❷メーカーからの信頼度が高く、入手できる情報の新鮮度や信ぴょう性も高い
❸ほかのメーカーの商品が扱いにくい
❹利益がメーカーの商品力に大きく左右される

▶ メーカー系専門商社の流通例

メーカー系専門商社は生産された商品を小売店へ販売するまでの流通を支える

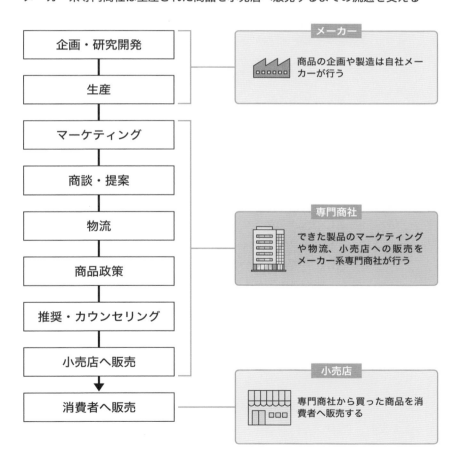

Chapter4 07

独立系専門商社の特徴

どこの企業にも属さない独立系専門商社は、総合商社系やメーカー系と違い、商品や顧客に縛りがありません。独自の歴史で培った独自のノウハウで業界内で存在感を示しています。

スピード感のある事業を展開

親会社
ほかの株式会社（子会社）の総株主の議決権の過半数を保有する会社のこと。実質的に子会社の経営を支配している。

独立系専門商社は総合商社系、メーカー系と異なり、親会社が存在しないことがほとんどです。扱う商品や顧客の自由度が高く、各社が独自の歴史を築いています。

そもそも専門商社が業界内で存在感を持つ理由は、総合商社が貿易だけでなく事業投資やエネルギー投資に力を入れ幅広い分野を取り扱う中で、持ち前の軽いフットワークを駆使して、総合商社の手が回らないところに気を配り、きめ細かな顧客対応で信頼を得てきたからです。独立系専門商社は特定の企業グループに属さないことで意思決定がスムーズになり、より軽いフットワークで事業を展開できるのです。

海外の企業と提携し事業を拡大

たとえば、食品業界の独立系専門商社で有名な「ラクト・ジャパン」は、その独立性を活かし、輸入乳製品原料のシェアは30％を超え、業界内で強い存在感を示しています。

また、近年は乳製品を主力としながら、食肉加工品の販売にも事業を拡大しています。加えて、グループ独自のチーズ加工製造拠点・販売網をシンガポールにある子会社「Lacto Asia Pte. Ltd.」を中核企業として、マレーシア、タイ、インドネシア、中国、フィリピンに関係会社を新たに構築し、厳しい日本の品質基準と同水準で生産した高品質な商品を提供することで、アジアに進出している日系企業や現地企業との取引を拡大しています。

このように、資源に乏しい国である日本において、メーカーが大きく成長を遂げてきたのは、独立系専門商社のスピード感のある事業展開が一役買っているのです。

▶ 独立系専門商社の特徴

❶特定の企業グループに属さないことで、扱う商品や顧客の自由度が高い
❷意思決定を自社で行えるためスピード感のある事業を展開できる

そもそも専門商社は……
幅広い分野を扱う総合商社に対し、フットワークの軽さを活かした顧客対応で存在感を示してきた

専門商社 ➡ よりフットワークが軽いのが独立系専門商社

▶ 独立系専門商社の事業展開（ラクトジャパンの場合）

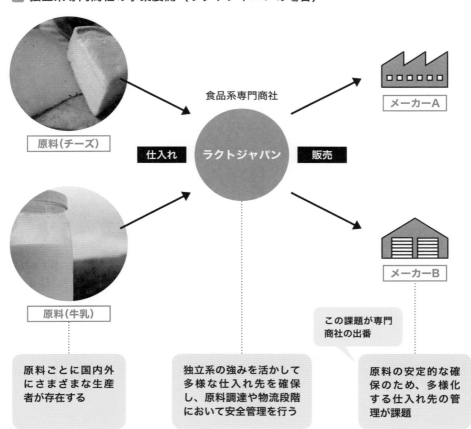

食品系専門商社

原料（チーズ）

仕入れ　ラクトジャパン　販売

メーカーA

原料（牛乳）

メーカーB

この課題が専門商社の出番

原料ごとに国内外にさまざまな生産者が存在する

独立系の強みを活かして多様な仕入れ先を確保し、原料調達や物流段階において安全管理を行う

原料の安定的な確保のため、多様化する仕入れ先の管理が課題

映画製作事業のこぼれ話

山田洋二監督の「すごさ」を実感する

　S商事のDさんは、映像メディア事業の責任者として映画製作に携わっていました。第30回日本アカデミー賞の授賞式のときのこと。この年、S商事が出資している山田洋二監督の「武士の一分」もノミネートされていましたが、最優秀作品賞を受賞したのは「フラガール」でした。

　帰り際、Dさんは山田洋二監督と同行することになり、「監督、今回は非常に残念ですね。『武士の一分』のほうが構成も演出も『フラガール』の粗い造りよりレベルはずっと高いと思います」とわかったようなことをいうと、山田監督は「Dさん、私はね、『フラガール』が受賞して本当にうれしく思うよ。粗削りであろうが、映画製作に関わった人たちの熱さが伝わってくいい作品だよ。こういう、映画に熱い若い人たちの作品が選ばれるということは、日本アカデミー賞もまんざら捨てたものではないということだね」と淡々と話すのを聞きながら、Dさんは「山田監督はやはり日本を代表する映画監督だ。映画人としても日本映画の先々まで考えている。すごい人だ」としみじみ感じるのでした。

デジタル映写機によってシネコンを実現

　Dさんの映画事業部隊では、シネコン事業も手掛けていました。今でこそ、シネコン（複数のスクリーンで上映する映画館）は全国に存在しますが、当時は馴染みが薄いものでした。それを広めたのが、デジタル映写機による上映技術の登場です。

　しかし、当初は値段やフィルム映写機との併存問題もあり、導入には社内の壁が立ちはだかりました。そのとき、Dさんを後押ししたのが、スピルバーグ作品がデジタル映像ででき上がってくる、というハリウッドからの噂です。これを糧に社内説得に成功して導入を進めました。

　「『鬼滅の刃』無限列車編」が短期間で興行収入の歴代2位（2020年11月時点）に躍進したことにも、同一映画館で同時複数上映を可能にしたこの技術が一端を担っています。

第 5 章

商社の組織構造

日本経済の縮図ともいわれる総合商社は、時代に合わせてその組織構造を変化させてきました。近年は複合的な事業の増加に伴い、横の連携強化を意識した組織構造になりつつあります。国内外に広がる商社の組織について解説します。

時代に合わせて変化する

総合商社における組織図と事業部門

時代のニーズに合わせて組織構造の変化が進む総合商社。カンパニー制を組む伊藤忠商事などを例に、どのような構造で事業が展開されているのかについて説明します。

総合商社の組織図の変化

総合商社は日本経済の縮図ともいわれます。その組織は、日本の産業構造とともに変化しています。とくに、**IoT時代**へと移り変わる近年では、従来以上に「横の連携」を意識した構造へと大きく変わりつつあります。

総合商社の組織構造は、多くの企業と同じで「営業部門」と「管理部門」に分かれています。大手総合商社の営業部門は、おおむね60〜150前後の営業部署を抱えており、伊藤忠商事の場合、「繊維カンパニー」や「機械カンパニー」を始めとした、大きな8つの分野別部門に分かれています（右図参照）。さらにその下に「ファッションアパレル部門」「自動車・建機・産機部門」「金属資源部門」など60の部署が置かれています。

通常はその部門組織内で取引の遂行や市場開拓を行いますが、最近は部門横断的な組織や委員会の設置、社内助成金制度などが盛んに行われるようになってきました。住友商事や丸紅、双日では、2018年にデジタル技術の活用を目的とした組織改編を実施し、部門間の連携を促す横断的な部署や役職などを新設しました。

また、伊藤忠商事は分野別部門として**カンパニー制**をとっており、各カンパニーが担当領域における経営の責任を負い、迅速かつ柔軟な意思決定を行うことで、分野のニーズに対応できるよう事業を展開しています。

一方、管理部門では従来より組織の効率化やスリム化を図るために、費用対効果の見直しが行われています。その流れの中で、管理部門の別会社への移管や、外部への**アウトソーシング**による効率化の推進、社内における管理部門の位置づけ、評価の見直しが行われています。

IoT時代
IoTは「Internet of Things」の略称。モノがインターネット経由で通信し、つながっていく時代のことを意味する。

カンパニー制
社内の事業それぞれを独立した会社として扱って組織にするという企業の在り方のひとつ。社内でありながら独立性があり、権限を持つ組織のこと。

アウトソーシング
直訳すると「外部からの調達」。一般的には、経営資源、とくに人、あるいは人に付随するサービスを契約によって、外部から調達し企業活動に活かす経営手法を意味する。

▶ 組織図（伊藤忠商事の場合）

1997年以降カンパニー制を採用している伊藤忠商事の組織図

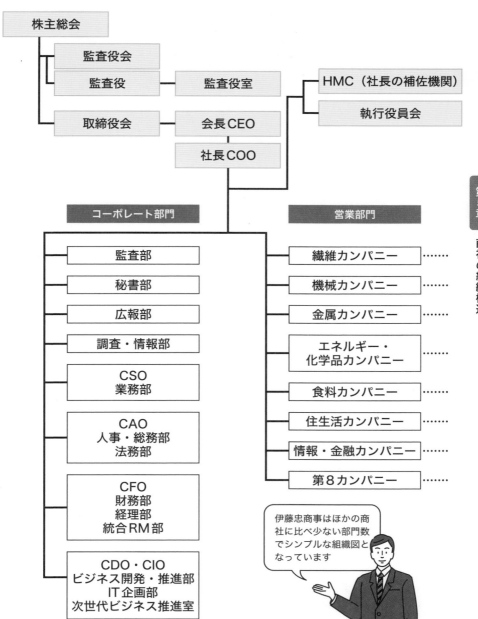

伊藤忠商事はほかの商社に比べ少ない部門数でシンプルな組織図となっています

Chapter5
02

タテ型組織から
ヨコ型組織への変革

近年、商社業界では、ヨコ型の体制が主流になってきました。ここでは、タテ型とヨコ型それぞれのメリットとデメリットを挙げながら、組織改革について説明していきます。

横の連携を意識した組織改革

　企業の組織構造は大きく分けて、「タテ型」と「ヨコ型」の2つに分けることができます。かつて「タテの三菱商事、ヨコの三井物産」ともいわれていました。しかし、近年では部門間の連携の欠如を克服するため、商社業界も横の連携を強めた体制作りが行われています。

　タテ型の組織の特徴は、指揮命令系統がわかりやすく、その機能や責任の所在がわかりやすいというところです。しかし、組織が硬直化しやすく、組織内にいる人の思考の幅を制限してしまうというデメリットもあります。

　一方、ヨコ型の組織構成は、一定の責任の範囲内で、組織横断的に業務を遂行していく、現場にある程度の裁量を与える体制となっています。ヨコ型の組織は評価が煩雑になりがちで組織運営が難しいという欠点がありますが、近年はナノテクノロジーやバイオテクノロジーなどの新技術の到来により、非常に広い範囲で商品やサービスが関連してくることから、より一層企業内の横の連携強化が進められてきています。

　商社においても、IoT時代の到来を引き金に横の連携を意識した組織構造へと移り変わっています。「タテの三菱」と呼ばれてきた三菱商事も、2019年度から3年をかけて新中期経営計画を行うことを発表し、2020年度より現行の7グループを10グループ体制にするなど、大規模な組織再編に踏み切りました。

　近年、世界中でイノベーションを求める声が強くなってきています。多様な業界に対面する組織を有する商社において、組織横断的な関わりを作ることは、イノベーションを起こすためにより最適な環境作りにつながるのです。

ナノテクノロジー
原子や分子の配列をナノスケールで自在に制御することで、任意の性質を持つ物質・材料を作り出す技術のこと。

バイオテクノロジー
生物が行う化学反応やその機能を応用する技術のこと。主に食品・医療の分野で用いられる。遺伝子組み換えもこの1種。

イノベーション
「技術革新」や「新機軸」と訳される。新たなものを創造し、変革を起こすことで経済や社会に価値を生み出すことを意味する。

▶ タテ型の組織の特徴

経営者を頂点とした階層構造

ポジション	それぞれの役職と、それに応じた役割が明確に定義されている
意志決定権限	上位の役職者に集中している。組織内で上位に位置する人が下位に位置する人に指示を出して仕事を管理する
情報共有	限定的で必要があるときのみ共有

メリット

組織構造がわかりやすく、管理しやすい。個人の能力に関係なく仕事の成果を出すことができる

デメリット

組織が硬直化しやすく、意思決定に時間がかかりやすい。また、社員の管理に手間や時間がかかるため、中間管理職が多くなる

▶ ヨコ型の組織の特徴

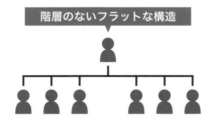

階層のないフラットな構造

ポジション	役職は存在せず、目的や債務が定義された役割が存在している
意志決定権限	人物ではなく役割に付与され、分散化している
情報共有	あらゆる情報はいつでもだれでも入手可能

近年はヨコ型の構造が主流になりつつある（108ページ参照）

メリット

意思決定を迅速に行うことができ、需要の変化に素早く対応することができる

デメリット

社員一人ひとりに自立が求められる。また、指揮系統が曖昧になりやすく、責任の所在がわかりにくい

Chapter5 03

多岐にわたる事業部門の業務内容

広いフィールドで働く商社マンの事業内容は多岐にわたります。世界各地での情報収集や取引交渉、さらに業界全体のマーケティングなど、そのほかさまざまな業務を担う商社の業務内容について見ていきましょう。

幅広く手掛ける事業部門

商社は世界中の生産業者とメーカー、小売業者をつなぐパイプ役です。事業部門は、世界中を飛び回り、各地の情報収集や業者との取引交渉などを行います。

具体的な業務としては、輸出入に係る貿易事務や陸海空の物流サービスの提供です。また、ときには商品や業界全体のマーケティングを行い、それに基づいて販売戦略を立案し、広告宣伝の企画や販路の開拓などを行うこともあります。その業務内容は、商材の仕入れからメーカーや小売企業の販売支援まで、商取引にまつわる付帯事業全般に広く及びます。

また、商取引にはさまざまなリスクがつきものです。為替の変動や過剰在庫、輸送時の積荷の破損、配送の遅延などの問題を解決するために、外国為替取引や保険代理業務、子会社や取引先への保証付与といった金融事業を手掛けていることもあります。

加えて、事業投資も商社の主な仕事内容のひとつです。近年の総合商社は、資源開発や新エネルギー開発など、投資事業にもきわめて積極的で、成長が見込める産業に対しては、資金の投下だけでなく、自社の人材を出向させるなどして管理運営に主体的に参画し、事業拡大を図っています。

典型的な事例としては、総合商社によるコンビニ業界への出資が挙げられます。各社はそれぞれの出資先に対して商品企画を行ったり、在庫管理システムを提供するなど、資金以外の提供も積極的に行っています。出資したコンビニの業績が上がることで、保有している株価が上がり、商社にも大きな利益となります。

もともと、トレーディングを中心に成長してきた商社ですが、近年はより事業投資を強化する展開へとシフトしてきています。

トレーディング
トレーディングとは、仲介業者として需要と供給を結びつける事業のこと。自社の商品を売りたい企業と、その商品を買い付けたい企業のあいだに立ち、需給をマッチングさせる。

▶ 商社の業務内容

輸出入に係る貿易事務や陸海空の物流サービスの提供などを行う

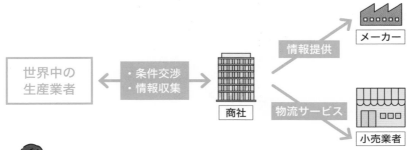

売り手と買い手をつなぐパイプ役として
世界中を飛び回り、情報収集や取引交渉を行います

▶ 商社の事業投資とは

近年は、より事業投資を強化する展開へとシフトしてきている

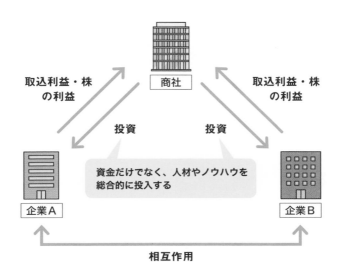

Chapter5 04

世界を舞台に活躍する商社の間接部門

国際企業を相手に取引を行う商社では、日本にいても英語を使う場面が多くあります。また、人事部や法務部などの間接部門であっても、海外に出張することもあるなど、「商社ならでは」の特徴があります。

管理部門でも海外出張がある

間接部門
企業の業績を間接的に支える人事部、法務部、経理部、総務部、情報システム部などの総称。管理部門とも呼ばれる。

広い分野の商品を扱い、グローバルに活躍する商社では、間接部門においてもそういった特徴が表れています。

たとえば、「人が財産」である商社における人事部の役割はきわめて重要であり、人材戦略は経営そのものとなります。海外に現地法人や子会社、支店、駐在員事務所などを持つ商社は、人事部といえども海外へ出張し、採用イベントなどを行います。

また、法務部も海外支社などに出向き、セミナーを開くなどの法務支援をすることがあります。海外にあるたくさんの現地法人や子会社の中から、「これから法務部を作りたい」という要請があった場合は、現地法人や子会社で法務部として仕事をすることもあります。

英語力と貿易知識を求められる総務部

経理部はほかの企業と同じように、会計ソフトを使って経理勘定を行います。ただし、海外との取引の多い商社においては、消費税の取り扱いが特殊です。海外に輸出される商品は、通常輸出先の国でその国の税金が課せられるので、日本から輸出する商品に日本国内で課税してしまうと二重課税になっていしまいます。というように国内外の税金に関する知識が求められるので、国内のみを相手にする企業よりは複雑な対応が求められます。

社内体制
福利厚生、広報、環境、IR（経営方針や財務状況などの投資家向け企業情報）などを指す。

総務部の特徴はやはりほかの企業に比べ、英語に触れる機会が多いところです。国際市場を相手にするビジネスであるため、国際電話や電子メールを使ったやり取りがあります。また、現地法人や子会社の設立に際しては、必要な社内体制の骨格作りを担うので、幅広い業務知識が求められます。

▶ 商社の間接部門の特徴

人事部	海外へ出張して採用イベントを行ったり、場合によっては海外で採用活動を行うこともある。大きな海外現地法人では、独立した人事部を設けている	
法務部	海外へ出張してセミナーを開き法的支援を行う。また、要請があった場合は海外現地法人や子会社で法務部として働くこともある	
経理部	国内取引だけを行う企業とは異なる税率の扱いなどを理解しなければならない。また、海外現地法人や子会社などでは、駐在国の税制などの習得も大切な機能となる	
総務部	海外現地法人や子会社の社内体制の骨格作りを担う。英語力とともに幅広い業務知識が必要となる	

▶ 一般職の採用人数

		三菱商事	伊藤忠商事	丸紅	住友商事
採用実績	2018年	17名	10名	15名	26名
	2019年	7名	11名	14名	59名
	2020年	-	14名	23名	23名
2021年採用予定		行わない	15名	未定	行わない

> 総合職が毎年90〜150名採用しているのに対し、一般職の採用人数はとても少なく、狭き門であることがわかる

出所：各社ホームページ

間接部門というと一般職のイメージが強いですが、商社の間接部門には総合職も在籍しており、海外出張に行くのは主に総合職です

軽いフットワークを活かした優位性

世界に広がる
商社のネットワーク

商社といえば海外勤務をイメージする人も多いのではないでしょうか。その
イメージ通り、ほかの業種に比べて海外に勤める従業員の数は高く、海外に
持つ拠点数も非常に多くなっています。

世界中に100カ所以上の支店を展開

　総合商社は海外に多くの支店や現地法人、駐在員事務所を持つ
など、世界中にネットワークを張り巡らせています。2020年4
月現在、5大商事のうち最も多く海外拠点を持っているのは丸紅
で、海外拠点数は125カ所を誇ります。その内訳は、海外支店が
37カ所、現地法人が29カ所、現地法人本店が58カ所です。

　ほかの総合商社の海外拠点数は、三菱商事が115カ所、住友商
事が114カ所、伊藤忠商事が94カ所となっており、いずれも、
100カ所前後の海外拠点数を有しています。その地域もヨーロッ
パ、アジア、アフリカ、北米、中南米と全世界にわたります。

従業員の約20％が海外勤務

　さらに、現地で働く駐在員の数は、ほかの業種に比べてとても
高いのも特徴です。三菱商事は単体従業員数6016人のうち、
1261人が海外に在籍しています。丸紅グループでは、単体従業
員数6325人のうち、海外駐在員数は1921人。三井物産は、日
本で採用した従業員5676人のうち1212人が海外で勤務してお
り、どの商社も単体従業員数の20％前後の社員が海外で働いて
います。総合商社は、これら駐在員事務所や現地法人から情報や
人脈を得ています。商社がグローバルな活躍を果たすためには、
こうした駐在員や現地スタッフの支えが必要不可欠です。

　近年は、メーカーの海外進出も拡大していますが、総合商社は
設備を持たない身軽さを活かして、発展途上国などの新しい市場
にいち早く進出できる強みがあります。総合商社の軽いフットワー
クと太いネットワークを活かすことで、常に企業としての優位
性を保つことができるのです。

単体従業員
1つの会社に所属する従業員のこと。グループ会社全体で所属する従業員のことを連結従業員という。

▶ 各社の海外駐在員数割合

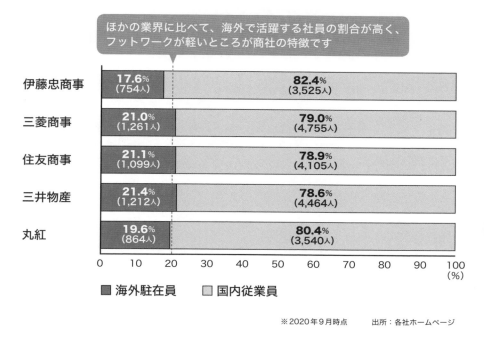

ほかの業界に比べて、海外で活躍する社員の割合が高く、フットワークが軽いところが商社の特徴です

商社	海外駐在員	国内従業員
伊藤忠商事	17.6%（754人）	82.4%（3,525人）
三菱商事	21.0%（1,261人）	79.0%（4,755人）
住友商事	21.1%（1,099人）	78.9%（4,105人）
三井物産	21.4%（1,212人）	78.6%（4,464人）
丸紅	19.6%（864人）	80.4%（3,540人）

■ 海外駐在員　□ 国内従業員

※2020年9月時点　　出所：各社ホームページ

▶ 各社の国内・海外拠点数の比

商社	国内拠点	海外拠点	進出国数
伊藤忠商事	9カ所	94カ所	62カ国
三菱商事	9か所	115か所	約90カ国
住友商事	22カ所	114カ所	66カ国
三井物産	11カ所	121カ所	65カ国
丸紅	11カ所	125カ所	68カ国

海外拠点の方が圧倒的に多い

出所：各社ホームページ

自社の設備を必要としない商社は、その身軽さを活かして先進国から発展途上国まで、広く海外進出しています

商社が持つ海外拠点
現地法人・支店・駐在員事務所

先進国から発展途上国まで、さまざまな国で勤務する商社マンですが、彼らは具体的にどのようなところで働いているのでしょうか。商社が有する海外拠点の種類は、大きく分けて3種類あります。

現地法人で法人税が抑えられることも

総合商社は社員の約20%が海外駐在員として派遣されており、ほかの企業に比べて海外で働く社員の割合が高いですが、とくに若手のうちは1～3年のサイクルで転勤を繰り返します。アメリカやヨーロッパなどの先進国だけでなく、アフリカなどの発展途上国に赴任するケースもあり、あらゆる国や地域を転々とします。

商社が海外進出をして拠点を作る方法は、主に「現地法人」、「支店」、「駐在員事務所」の3つです。

現地の市場調査や情報収集活動を行う際には、駐在員事務所を置きます。駐在員事務所は売上につながる活動ができないため、活動範囲は狭いですが、その分設立に係る手続きを迅速に行い、拠点を構えることができます。現地法人や海外支店を設立する前に、現地の慣習や治安などのリサーチやマーケティングをしておきたいというときに駐在員事務所はとても役に立ちます。

一方、商行為を行う場合は現地法人または海外支店を設立します。現地法人の場合、原則として発生した利益に関しては海外の税率が適用されるため、日本の法人税率よりも低く設定されているアメリカやイギリス、香港、シンガポールなどの地域で現地法人を設立すると、コスト削減効果が得られます。海外支店の場合は本社と同一の定款や社内規定をそのまま使うことができるので、事務作業の負担が少なくて済みます。

成長中の地域においては、駐在員事務所を現地法人化する動きなどがよく見られます。これは法人化により独立採算へ移行することで、採算意識を向上させ、新規ビジネスの発掘などを促すことに目的があります。また、現地社員を育成することで現地に密着した活動ができるという狙いもあります。

法人税率
企業が得た利益に応じて払う税金。日本の23.2％に対し、アメリカは21.0％、イギリスは19.0％。

▶ 駐在員事務所、海外支店、現地法人の比較

	駐在員事務所	海外支店	現地法人
主な活動内容	本社との連絡拠点および調査活動	現地での事業活動	現地での事業活動
収益を伴う営業活動	できない	できる	できる
納税義務	連邦法人税は非課税（州税は発生する可能性あり）	あり（日本本社に発生）	あり
設立方法	資本金や設立費用、登記は必要ない	資本金は必要ないが登記は必要	登記と資本金が必要
会計処理	—	現地で課税されたのち、本社と合算処理	本社とは別会計になり、現地の税率が適用される
設立期間	—	数週間	数週間

駐在員事務所は活動内容が制限されるが、比較的簡易に設立できる

第5章 商社の組織構造

▶ 法人税率（実効税率）の国際比較

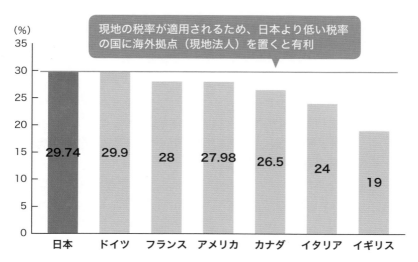

現地の税率が適用されるため、日本より低い税率の国に海外拠点（現地法人）を置くと有利

	日本	ドイツ	フランス	アメリカ	カナダ	イタリア	イギリス
(%)	29.74	29.9	28	27.98	26.5	24	19

出所：OECD（経済協力開発機構）2020年データをもとに作成

Chapter5
07

複合的な知識のため
各部門の連携が進む

ヨコ型の組織構造に変わりつつある商社ですが、新技術によって各部門だけではカバーしきれない複合的な知識が求められるようになりました。各部門の連携のため、それらを統括する部署が置かれています。

各部門にまたがる部署を設置

98ページで説明した通り、以前の商社では関連企業との連携は取られてきた一方で、商社内の各部署間の連携はあまり意識されてきませんでした。

しかし、ナノテクノロジーやバイオテクノロジー、AIなどの新技術によって、複合的な知識が求められるようになりました。こうした中でタテ型からヨコ型への変革が進められたわけですが、より各部門の連携を図るべく、複数の部門や全体にまたがる部署が作られるようになりました。

AI
人工知能、Artificial Intelligenceの略。人間の代わりに知的行動をコンピュータに行わせる技術のこと。

デジタル技術を橋渡しに部門間の連携が進む

住友商事は2016年に既存事業のデジタル化推進を図るため、「IoTワーキンググループ（のちにIoT & AIワーキンググループ）」を設置。同様に、三井物産ではグループ全体のAIやIoT技術を活用する役職として「最高デジタル責任者」が置かれ、丸紅ではそれらの技術により事業の採算を効率化すべく「デジタル・イノベーション部」という部署を設置されています。

それらによって、たとえば、今までかかわりのなかった化学品部門と機械部門などが共同で事業に取り組むケースが出てきました。多くの商社でデジタル技術を橋渡しにして、部門間の連携が図られているのです。

また、カンパニー制を導入している伊藤忠商事では、2019年7月に既存の7カンパニーに加え、「第8カンパニー」を設立しました。第8カンパニーはほかのカンパニーとは異なり、特定の分野に特化した事業を行うのではなく、7カンパニーと協働で全社的な事業を推進するためのカンパニーです。

▶ 従来のタテ型組織の簡略図

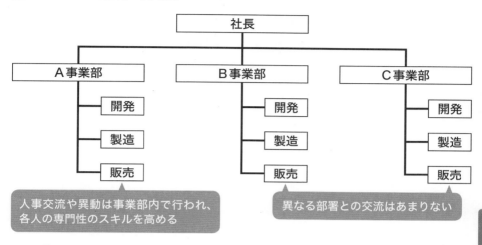

社長

A事業部 ── 開発／製造／販売
B事業部 ── 開発／製造／販売
C事業部 ── 開発／製造／販売

人事交流や異動は事業部内で行われ、各人の専門性のスキルを高める

異なる部署との交流はあまりない

タテ型の組織は、従業員の「専門性」を高めるのに非常に適した構造になっています

▶ ヨコの連携を進める伊藤忠商事の第8カンパニー

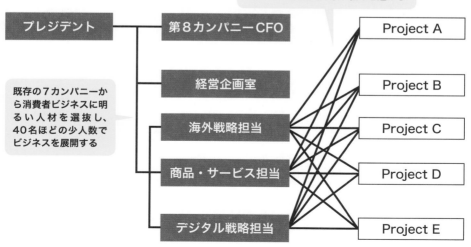

従来の部・課は設けず、異業種融合・カンパニー横断的な取り組みを進める

プレジデント

第8カンパニーCFO

経営企画室

海外戦略担当

商品・サービス担当

デジタル戦略担当

既存の7カンパニーから消費者ビジネスに明るい人材を選抜し、40名ほどの少人数でビジネスを展開する

Project A
Project B
Project C
Project D
Project E

Chapter5 08

子会社と連携を強めて事業を展開していく

商社の事業において必要不可欠な子会社の存在。子会社の持つ人材や情報を有効活用して、事業を大きく展開していきます。近年では、売上が安定している小売業との連携強化に力を入れています。

川上から川下へ、連携強化の流れ

連結子会社
親会社の連結財務諸表に全項目連結の形で掲載される子会社のこと。

持分法適用会社
投資会社の連結財務諸表に、純資産および損益の一部を反映させる持分法が適用される会社のこと。

事業が多岐にわたる総合商社は、多くの連結子会社や持分法適用会社を持っています。5大総合商社の中でもっとも子会社の数が多いのは住友商事で、その数は連結子会社が663社、持分法適用会社が294社の合計957社が連結対象会社となっています（2020年7月現在）。総社員数は7万2642人と、とても大きな規模であることがわかります。

子会社を持つと、個々の企業が自主性や創造性を発揮しながら事業展開を進めるため、人材や情報を有効活用しやすくなります。また、税法の制度上、節税対策ができたり交際費の経費算入限度額が2倍になったりと、金銭的なメリットもあります。ただし、子会社が不祥事を起こした際には親会社を含むグループ全体の信用低下となってしまうため、監査役を置くなどのきちんとしたリスク管理が求められます。

近年は小売業の収益が安定的な傾向にあるため、総合商社も小売業との連携を強化しています。身近なコンビニ経営と商社の関係を見ると、三菱商事は、2015年に赤字転落したあと、急速に非資源分野の拡大による事業ポートフォリオの適正化を進め、ローソンなどの川下ビジネスに注力しました。2017年には約1440億円をかけてローソンを子会社化しています。伊藤忠商事も2017年にファミリーマートを子会社化し、2020年に総額5809億円を出資して完全子会社化しました。

総合商社は世の中の動きの変化に応じ、機動的に事業やビジネスモデルを転換してきた業界です。近年は安定性を重視し、子会社化を進めることで川上から川下への連携を強化しているといえます。

▶ グループ会社の関係性

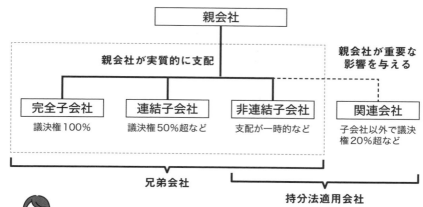

親会社

親会社が実質的に支配　　　　　　　親会社が重要な
　　　　　　　　　　　　　　　　　影響を与える

完全子会社	連結子会社	非連結子会社	関連会社
議決権100%	議決権50%超など	支配が一時的など	子会社以外で議決権20%超など

兄弟会社

持分法適用会社

個々の企業が自主性や創造性を発揮して事業を展開するため、子会社はとても有益な資産となります

▶ 子会社化のメリット

親会社

親会社のメリット
人材や情報を有効活用しやすくなる。また、軽減税率を適用できたり、2年間消費税の免税事業者となるなど、節税対策として効果がある

子会社

子会社のメリット
親会社の資本やノウハウ、親会社のブランド力を活用することができるため、経営が安定しやすい

子会社が不祥事を起こした際は親会社を含むグループ全体の信用低下となるため、リスク管理には最大限の留意が必要！

Chapter5 09

資本業務提携を結び
会社の業績を上げる

業務提携と資本提携を同時に行い、より強い連携を結ぶ「資本業務提携」を
他社と結ぶことで、互いの企業の技術やノウハウの導入による業務の効率化
や事業価値の向上を目指します。

資本業務提携で他社と深い関係を築く

　資本業務提携は法律上定義されたものではありませんが、実務
上は、業務提携と資本提携を同時に実施することを指す言葉とし
て使われています。業務提携は、協同して業務を行うことにより
他社の技術やノウハウを導入することで、お互いの業務を効率化
し、付加価値を高めることを指します。

　一方、資本提携は、当事者となる企業の片方あるいは両方が、
他方の企業の株式を取得することをいいます。資本業務提携は、
業務提携だけでなく資本提携による株式の移動も加わるため、業
務提携を単独で行う場合よりも、より深い連携となり、強力な契
約関係を築くことができます。

　2020年7月、伊藤忠商事は、chromocenterとの資本業務提携
を発表しました。昨今、がん向けの医薬品として注目されるバイ
オ医薬品の製造方法が複雑で高コストであることに対し、自社の
オリジナルCHO細胞（タンパク質の生産に使用されるもの）の
提供を通じて製造コストの低減につなげる狙いです。

　また、住友商事は2019年7月に、AI導入を促進するため、
aiforce solutionsと資本業務提携を結びました。住友商事グルー
プの製造、流通、小売、サービスなどの事業領域へのAI導入を
促進し、業務最適化やさらなる付加価値の提供、競争優位性の創
出を目指しています。さらに、aiforce solutionsとの資本業務提
携を通じて、教育プログラムや人材交流を通じたAI人材の育成
に繋げる狙いもあります。

　資本業務提携を行うことによって、経営資源を拡充できること
や対象会社の業績が上がることで、取得した株式の価値が上昇す
るなどのメリットがあるのです。

バイオ医療品
化学的に生成される
一般的な医薬品に対
し、タンパク質やウ
イルス、バクテリア
などの生物を用いて
生成される医薬品の
こと。構造が複雑な
ものが多い。

特殊決議
株主総会において議
決権を行使すること
ができる株主の半数
以上であって、当該
株主の議決権の3分
の2以上の賛成を必
要とする決議。

特別決議
株主総会において議
決権を行使すること
ができる株主の議決
権のうち過半数が出
席し、出席した当該
株主の議決権の3分
の2以上の賛成を必
要とする決議。

議決権保有割合と権利の内容

議決権の保有割合	株主総会で行使可能な権利	決議・権利の内容
100%	全会一致の議案を可決できる	・経営に関する意思決定を完全に一人で行うことができる ・発行済株式の種類株式への変更ができる
総株主の半数以上かつ総議決権の75%以上	特殊決議の議案を可決できる	・属人的株式に係る定款規定を設定できる
66.7%以上	特別決議の議案を可決できる	・定款の変更ができる ・合併、会社分割、事業譲渡 ・譲受を承認できる ・株主との合意による自己株式の取得を承認できる ・監査役の解任ができる
50%超	普通決議の議案を可決できる	・取締役の解任ができる ・取締役、監査役の選任及び報酬の設定ができる ・配当額の決定を行うことができる
33.4%以上	特別決議の議案を否決できる	・特別決議の議案を否決できる
25%超	特殊決議の議案を否決できる	・特殊決議の議案を否決できる
3%以上	少数株主権を行使できる	・取締役等の解任を請求できる

出資割合に応じた経営上の権利を有することができる

出所：経営ナレッジ

👆 ONE POINT

連携が強まる
資本業務提携における注意点

資本業務提携は、通常の業務提携と比較してより強力な関係を築くことができるため、短期間での効果を見込むことができます。ですが、資本の出資率に応じて、経営上の権利を与えることになるため、経営の自由度が低下することを懸念する企業もあります。また、業務によって生じた利益の配分に関して、2つの企業の間で係争が発生するリスクもあるため、業務提携をする前に、事前に企業のリサーチや話し合いなどを十分に行う必要があります。

海外駐在の忘れられない1日

華麗、かつたくましい蝶たちの舞い

Hさんは I 商事で機械輸出の仕事をしていました。

現在Hさんはメキシコの第2の大都市モンテレイ市の工事事務所で、工事の進捗管理や現地資機材の調達手配をしています。このプロジェクトによって、同地域の水飢饉の解消が期待されています。

ある日、Hさんは工事責任者とともに、モンテレイからもっとも遠い揚水設備の現場に赴くことになりました。国道を抜け、オレンジ畑の中の一本道に入ります。一口にオレンジ畑といっても、こちらの規模は度肝を抜く広大なプランテーション。

一本道に入ってしばらくすると、にわかに周りが薄暗くなってきました。何事かと思って見上げると、なんとオレンジの樹木に止まっていた無数の蝶が、車に驚いて一斉に飛び出したのです。その数、何万羽になるのではないかというほどです。

車のフロントガラスに蝶がぶつかってきます。ぶつかった蝶で前方が見えなくなってきたので、ワイパーを回すと、今度は蝶の死骸がワイパーに挟まり、ついにワイパーが動かなくなってしまいました。しばらく車を停めて待っていると、蝶たちはオレンジ畑の中に消えていき、あたりが明るくなりました。フロントガラスの汚れを落として、再び車をスタートさせると、また一斉に蝶たちが飛び出します。これが繰り返され、現場到着はかなり遅い時間になりました。打ち合わせの際に、現地の協力会社の社長が、これから北アメリカにわたる渡り蝶の大群がこのプランテーションで羽を休めているのだ、と解説してくれました。

現場からの帰路、巨大な雲がかかったような蝶の大群が飛び立っていく光景に遭遇しました。その数、何百万羽になろうかというすごい大群がオレンジのプランテーションの上空に舞い上がっていくのです。巨大な空中造形物がうねうねと舞いながら夕日に映えてキラキラ輝く様子はとても幻想的。この世の景色とは思えない荘厳な大自然の営みに圧倒された1日でした。

第 6 章

商社マンの採用・
待遇・キャリアパス

総合商社において、商売の基本となる「人」が最大の
資本です。そのため、どの商社も人材育成にはとくに
力を入れています。商社マンにはどのような力が求め
られているのか、また、海外勤務・国内勤務で業務内
容にどのような違いがあるのかを紹介します。

Chapter6 01

海外で戦える人材を作る
商社の研修体制

商社では、グローバルに活躍できる人材を育てるため、語学研修はもちろんのこと、ほかにもさまざまな研修を用意しています。商社がとくに力を入れている人材育成の体系を見てみましょう。

● 膨大な時間を費やして行う「人材育成」

総合商社においては、商売の基本となる「人」こそが最大の資本となり、個々人の個性や能力が、持続的成長のカギを握っているのです。そのため、各社は人材価値を最大限に高められるように、人事制度や人材育成に多大な資金と時間を投入しています。

人事制度面では、社員の成長意欲を引き出す評価制度と、適材適所の人事配置や人材登用を行っています。たとえば、近年の商社における若手社員の人事配置では、ローテーション体制が重要視された体制になっています。昔の商社では、入社時の配属のままキャリアを積んでいくケースが多かったのですが、近年ではローテーションすることで若手社員の経験の幅を広げ、ビジネス環境の変化やグローバル化に対応する力を養成しています。

人材育成面では、新入社員研修、管理職研修のほかに階層別研修や語学研修など、さまざまな研修制度を設けています。住友商事では、住商ビジネスカレッジ（SBC）として、年間延べ320講座に上るOff-JTを開催しています。2019年度は延べ1万3780人の単体従業員が参加し、延べ総研修受講時間は6万5652時間となっています。丸紅では、2017年3月より全社研修体系を見直し、丸紅グループ人財戦略を実現する支援機能の整備・強化を行っています。2020年度の年間研修受講者数は4326人、延べ総研修受講時間は7万1000時間で、1人当たりの平均研修時間は16時間となっています。

また、各社とも力を入れているのは、若手社員の海外派遣です。世界規模で事業を展開する総合商社では、グローバルな視点が欠かせないため、入社後一定の年次、または年齢までに海外経験を積ませることを促進しています。

持続的成長
企業の永続性を保ちながら、会社経営を続けるための成長のこと。右肩上がりだけでなく、現状維持も持続的成長といわれる。

ローテーション体制
定期的に職場を異動したり、職務を変更したりする制度のこと。人材研修の一つで、多様な部署や業務を経験することで、さまざまな能力を培うことができる。

Off-JT
通常の業務から離れて行われる研修のことで、Off-The Job Trainingの略。反対に、通常の業務の中で行われる研修はOJT（On-The Job Training）と呼ばれる

▶ 人材価値を最大限に高めて企業を成長させる

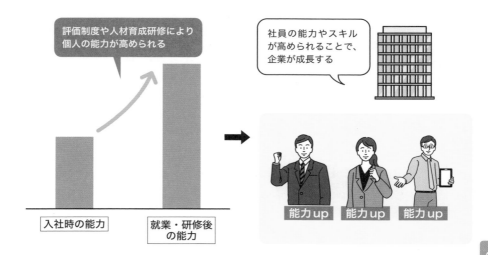

評価制度や人材育成研修により個人の能力が高められる

入社時の能力　就業・研修後の能力

社員の能力やスキルが高められることで、企業が成長する

能力up　能力up　能力up

▶ 丸紅グループ（非管理職）の研修内容

非管理職の社員を対象とした研修内容の一覧

総合職・一般職共通	
M&A実務研修	海外赴任前研修
事業投資研修	クロスカルチャー研修
投資分析基礎研究	語学研修
コンプライアンス研修	実務基礎知識研修
プレゼンテーション研修	社内検定研修
ファシリテーション研修	OJT支援研修
総合職対象	一般職対象
部下育成研修	キャリア開発研修
メンタルヘルス研修	ロジカルシンキング研修（一般職）
丸紅マスターコース	
紅novation Program	
ロジカルシンキング研修（総合職）	

プロフェッショナリティの開発のため、若手層の海外早期派遣や現場経験の促進などの施策を実施しています

世界各地で働く商社マンに求められる能力

活躍する舞台も広く、扱う商材も幅広い商社の中で戦える人材に求められる能力とはいったい何でしょう。語学力やビジネスに関する知識の幅も必要ですが、商社マンに必要な「資質」があります。

好奇心とコミュニケーション能力

幅広い商品について世界各地で取引を行う商社マンには、「幅広いビジネスを手掛けられる能力」と「グローバルな舞台でも活躍できるコミュニケーション能力」が求められます。

総合商社の仕事は、食料品から宇宙開発まで、とても幅広い分野を手掛けます。幅広いビジネスを手掛けるためには、特定の分野だけでなく、広く興味関心の目を向けることが必要です。

丸紅は、自社のホームページの採用項目に「高い志と好奇心を持ち、常にチャレンジとイノベーションを追求する人材」と挙げています。常に変わり続け、イノベーションを起こしてきた総合商社においては、関心の幅が広く、好奇心にあふれた人材が求められるのです。

また、ビジネスの中では、関連のないように見える分野の事業を組み合わせることで、まったく新しいビジネスチャンスが芽生えるケースも少なくありません。ビジネスマンとしても、知識に幅があることは非常に有益な力になるでしょう。

そして、もう1つ重要なのが、コミュニケーション能力です。国際的に活躍する商社マンにとって、最も必要な力であるといっても過言ではありません。海外の取引先と交渉することも頻繁にある仕事ですから、もちろん語学力も大事です（136ページ参照）。

しかし、語学力は入社後でも身につけることができます。それよりも、口下手であったり、相手の気持ちを汲み取る力が弱ければ、商社マンとして活躍することは困難です。また、商社の仕事は、仕入先と販売先、双方のニーズを聞き取り、利害関係を調整してビジネスを成立させなければなりません。ある程度高い交渉力や話術を備えていることが望ましいでしょう。

宇宙開発
人工衛星やロケット、無人探査機などを用いた宇宙空間の利用や探索を目的とした活動のこと。

▶ 各社が求めている人材

三菱商事

経営マインドを持って事業価値向上に
コミットする人材育成

求める人物像

・内外環境の変化を想定し先を見据えた戦略を練り上げる「構想力」
・人と組織を牽引し最後までやり抜く「実行力」
・謙虚さと誠実さを持って周囲から信頼される「高い倫理観」

出所：三菱商事ホームページ

伊藤忠商事

企業理念を継承する「マーケティングのプロ」を育成

求める人物像

・自分で考え、自分で動く（思考の自立）
・好奇心を持って未知なる領域に踏み込み、新しいことに挑戦していく
・グローバル視点で物事を捉える

出所：伊藤忠商事ホームページ

丸紅

グローバルの中で勝ち抜いていける強い人材の育成

求める人物像

・高い志と好奇心を持ち、常にチャレンジとイノベーションを追求する人材
・自らのミッションを高いレベルで達成するプロフェッショナル人材
・自ら考え、行動し、実行する主体性を持った人材

出所：丸紅ホームページ

高い好奇心を持ち、自主性と実行力を有する人材が求められている

労働環境の改善も進む

気になる給与や福利厚生 平均給与水準はいくら？

海外を飛び回り、残業に追われるイメージのある商社ですが、その給与や福利厚生などの待遇はどうなっているのでしょうか。近年は、商社も「働き方改革」の波に乗り、残業を減らすための施策を打ち出しています。

商社の待遇と福利厚生

　商社はかなり転勤の頻度が高い職業です。若手のうちは1〜3年の短いサイクルで転勤を繰り返します。その勤務先は国内にとどまらず、海外で働くケースも非常に多いです。

　しかし、それだけ国内外での取引を行うことや、その経営規模が極めて大きいことから、平均給与の水準は高くなっています。5大商社の平均年収は1000万円以上となっており、具体的には、三菱商事が1631万円、伊藤忠商事は1460万円、住友商事は1437万円、丸紅は1452万円、三井物産は1393万円となっています（2019年時点）。初任給は約24万円程度と他業種と大きな差はありませんが、数年後の20代後半で年収800万円を超えます。また、福利厚生の面では、ほかの業界の同規模の企業と比べると、海外駐在時には家賃がタダになる住宅補助や、オフィスまでの社用車での送迎などの手厚いサポートがあります。

　有給休暇の平均取得日数はだいたい12〜16日となっています。厚生労働省が2017年に発表した「就労条件総合調査」によると、2016年の平均有給取得日数は9日となっているため、商社の有給取得率は比較的高いといえそうです。

　商社は残業が多く過酷であると思われがちです。実際、海外の取引先と会議の時間を合わせるために、早朝や深夜にスーツ姿でテレビ会議に出なければいけないということもあります。伊藤忠商事では、労働環境の整備のために、2013年10月に「朝型勤務」を導入し、原則として20時以降の残業を禁止しました。仕事が残っている場合は、翌日朝5〜8時に行います。インセンティブとして、深夜勤務と同様の割増賃金に加えて、軽食の無料配布を実施している会社もあります。

有給取得率
従業員が年次有給休暇を与えられた日数に対して、どれだけ取得しているかを示す指標のこと。取得率の高い企業と低い企業での差が激しい。

インセンティブ
就業意欲向上のために、成果に応じて報酬を与える方策のこと。

▶ 各社の平均年収額

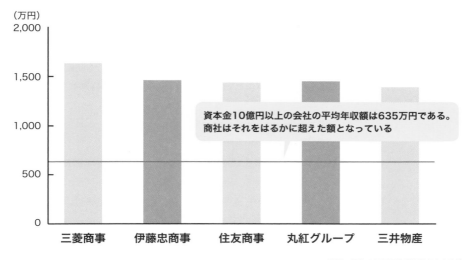

（万円）

資本金10億円以上の会社の平均年収額は635万円である。
商社はそれをはるかに超えた額となっている

出所：各社の有価証券報告書をもとに作成

▶ 伊藤忠商事の「朝型勤務」制度

「朝型勤務」制度の導入3年目で残業手当が約10％減少

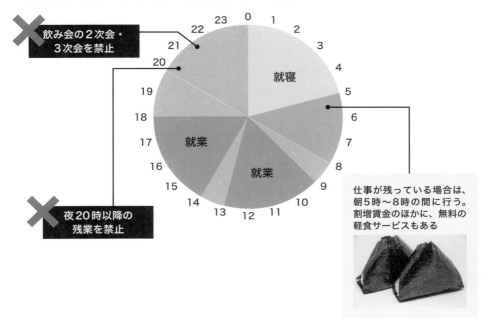

飲み会の2次会・
3次会を禁止

夜20時以降の
残業を禁止

就寝

就業

就業

仕事が残っている場合は、
朝5時〜8時の間に行う。
割増賃金のほかに、無料の
軽食サービスもある

海外で働く商社マンの現地での主な業務内容

海外へ出張したり、関係法人へ出向した商社マンは一体どんな仕事をしているのでしょうか。駐在員事務所、海外支店、海外子会社などの派遣先のほか、先進国と発展途上国といった赴任先の違いにより仕事内容は異なります。

海外支店では商取引を強化

商社は、世界中に支店を構えており、さらに資本提携している海外の関係会社も多数あります。商社マンは海外支店に勤務するだけでなく、海外の子会社やグループ会社、出資先企業に出向することもあり、海外で働く可能性はとても高いといえます。

海外駐在の仕事内容は、海外支店に勤務するケースと、関係会社へ出向するケースで大きく異なります。海外支店に勤務する場合、国内と同様に商取引の強化が主な仕事となり、現地企業を訪問したり、関係会社をサポートしたり、情報収集して現地のマーケティングを行ったりします。また、日本本社への報告資料を作成したり、政府の要人をアテンドするといった仕事も行います。

欧米などの先進国からアジア・アフリカなどの発展途上国まで幅広い拠点があります。アメリカやイギリスなどの各大陸の拠点となる主要拠点は、日本人社員が多く在籍しているため、日本本社との連絡業務が多く、居住地は海外ですが、業務は日本語で行うことも多くあります。

関連会社では経営に携わる

一方、関係会社へ出向する場合は、出向先の事業規模にもよりますが、CEOやCFOとして、現地法人の社長と一緒に経営そのものに携わるケースが一般的です。具体的な仕事内容としては、商流の拡大や各種オペレーションの改善、現地社員の教育、トラブル対応など多岐にわたり、海外支店に勤めるケースよりも赴任期間が長くなる傾向にあります。関係会社の経営メンバーは海外での赴任手当に役職手当も重なり、この時期の年収は本社にいたときの2～3倍という破格の待遇を得ることもあります。

アテンド
世話、案内をすること。接待や付き添いなどの意味でも用いられる。

CEO
最高経営責任者のこと。企業の経営において最高の決定権を有する立場。

CFO
Chief Financial Officerの略。最高財務責任者のこと。企業の資金調達や運用といった財務・経理面の最高責任者。

商流
商的流通の略で、商品の売買における所有権や金銭、情報などの流れのこと。商品の流れである物流に対して用いられる。

▶ 海外支店に勤務するケースの例

現地企業の訪問、関係会社のサポート、現地のマーケティングを行うほか、日本本社への報告資料の作成や政府の要人をアテンドするといった幅広い業務を行う

発展途上国での勤務

現場のスタッフを率いるリーダーとして総務や営業全般の業務を任される。現場で起こる問題への対応だけでなく、日本本社への報告や事務連絡も行う

先進国での勤務

赴任先地域近隣の投資先会社の事業管理や、日本本社へ送る報告資料の作成などといった事務作業を行うことが多い。事業パートナーとの会議の議事録を作成し、子会社と本社へ共有する

▶ 関係会社へ出向するケース

役職が上がる

出向前よりも上のポジションを任される

商流の拡大や各種オペレーションの改善や現地社員の教育、トラブル対応など、商売の川上から川下までを実際に経験する

年収が上がることも……

900万円 → 1800万円

赴任手当、役職手当のほかに、海外在住時の住民税などは会社が支払ってくれるため、手取りの金額が増えるという利点もある

Chapter6
05

国内の本社や支社に勤務した場合の仕事内容

商社といえばグローバルなイメージが強いですが、その本社は日本国内にあるので、もちろん国内勤務になることもあります。しかし、国内勤務であっても世界を相手に取引を行う商社ならではの特徴があります。

国内勤務であっても英語を使ったビジネス

　総合商社の職員のうち、約3分の2は国内の本社にて勤務します。一般的な業務内容としては、国内での商取引のオペレーションを執行したり、事業投資先の経営管理、業務管理、人事管理などを実施します。国内にいても、海外の顧客やパートナーとメールや電話でコミュニケーションを取りながら仕事を進めることが多いのため、日本人と日本語でコミュニケーションを取りながら進める仕事はあまりありません。また、拠点は国内に置きつつ海外へ出張に行き、パートナーや顧客と面談を行い仕事を進めることもあります。

オペレーション
業務の目標達成のために物事を運営・推進していく手順を定めること。また、それに沿って実施する一連の作業や実務のこと。

本社では主に間接部門として勤務

　国内の本社で働く職員のほとんどは法務部、経理部、財務部、人事部などの間接部門です。また、入社直後は本社勤務からスタートすることが多いです。

　国内支店で働く場合、国内の主要企業への対応、または国内商取引を行うことが多いです。国内の取引先や子会社・関係会社との接点を持つことが主な業務となります。商取引を経験させるために、毎年新人が数名程派遣されます。

　国内子会社や関係法人で働く場合は、それなりのポジションを与えられます。若手の場合は子会社の営業リーダー、中堅以上で出向するときはCEOやCFO、COOといった要職に就いて会社経営を行います。商社とは別の会社に出向となるため、本社の人間が圧倒的に少ない環境であることや出向時の役職の関係上、自分より年上の人に指示することになります。給与体系に差があるなどの理由から、子会社側と関係性に難しさがあるのは否めません。

COO
最高執行責任者のこと。CEOの決定に基づき、事業を執り行う責任者。CEOを会長が務める場合、COOを社長が務めることが多い。

▶ 国内・国外で働く社員割合

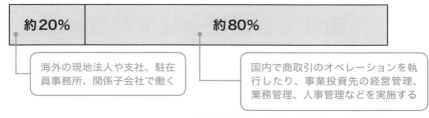

約20%	約80%
海外の現地法人や支社、駐在員事務所、関係子会社で働く	国内で商取引のオペレーションを執行したり、事業投資先の経営管理、業務管理、人事管理などを実施する

出所：伊藤忠商事、三菱商事、住友商事、三井物産、丸紅

▶ 国内勤務の仕事内容

①国内本社での勤務

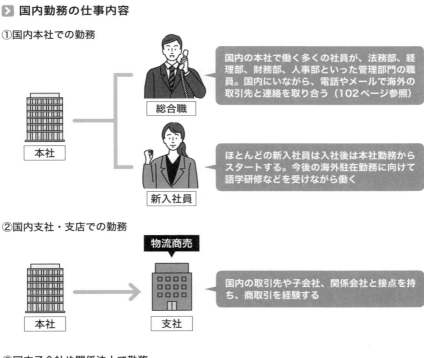

総合職

国内の本社で働く多くの社員が、法務部、経理部、財務部、人事部といった管理部門の職員。国内にいながら、電話やメールで海外の取引先と連絡を取り合う（102ページ参照）

本社

新入社員

ほとんどの新入社員は入社後は本社勤務からスタートする。今後の海外駐在勤務に向けて語学研修などを受けながら働く

②国内支社・支店での勤務

物流商売

国内の取引先や子会社、関係会社と接点を持ち、商取引を経験する

本社 → 支社

③国内子会社や関係法人で勤務

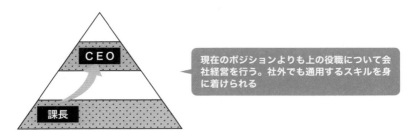

CEO

課長

現在のポジションよりも上の役職について会社経営を行う。社外でも通用するスキルを身に着けられる

本社からこつこつと経験を積む 商社マンのキャリアパス

入社後、始めは本社勤務となることが多く、語学力を身に着けてから、現場の営業を学びます。現場で経験を積み、スキルを高めた後は、起業という選択をとる人もいます。商社のキャリアパスについて見ていきましょう。

入社後は本社で語学研修

新卒で入社した場合、入社後1〜3年目は本社勤めになることが多いです。その間、短期間の英会話レッスンや語学研修などを行い、語学力を身に付けます。

もともと英語が得意な社員であれば、語学研修の代わりに海外で実務研修を行うこともあります。たとえば、伊藤忠商事では、世界市場のスペシャリストを目指すために、日本語を含めた3カ国語を話せる人材作りを目指しており、一定の英語力を身に付けた社員に対しては、第二外国語の取得のために、6カ月間、中国やロシア、スペインなどで語学研修を行います。

しかし、帰国子女であるなど、英語や中国語などの外国語がすでにある程度できる社員に対しては、6カ月間の語学研修の代わりに、2年間の海外駐在の実務研修を行います。

そして、だいたい入社後4〜8年目になると、現場の営業などを学ぶために海外駐在や子会社に出向することになります。総合商社における出向は、他業種などと異なりポジティブな意味合いが強く、高い役職の経験や、社外でも通用する経営スキルを習得させることで、社員を成長させる狙いがあります。

役職が付くのは入社10年目以降

中堅社員になると、トレーディング業務であれば複数の市場を担当したり、投資事業であれば投資案件を仕立てます。早い人だと30代半ばで役職がつき、現地法人などのマネジメントを経験したあと、課長級の役職で本社に戻るイメージです。

その後のキャリアとしては、また海外に出る人もいれば、営業部門で部長職を張る人もいます。その上で、本社の経営企画的な

第二外国語
英語に加えて学ぶもう1つ外国語を指す。世界で話者数が多い、中国語やスペイン語が選択されるケースが多い。

出向
所属や雇用契約は元の企業のまま、グループ会社や関連会社に異動すること。

▶ 商社マンのおおまかなキャリアパス

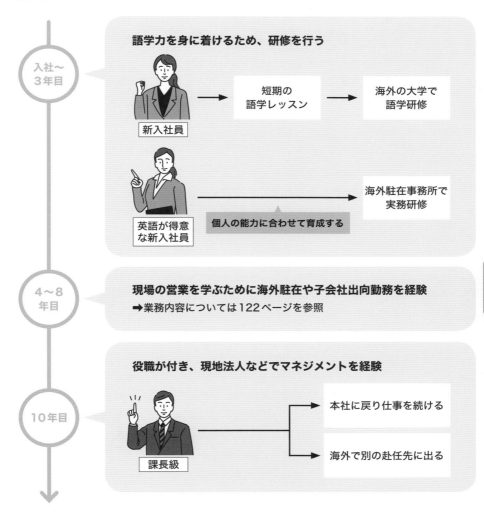

語学力を身に着けるため、研修を行う

入社〜3年目

新入社員 → 短期の語学レッスン → 海外の大学で語学研修

英語が得意な新入社員 → 海外駐在事務所で実務研修

個人の能力に合わせて育成する

4〜8年目

現場の営業を学ぶために海外駐在や子会社出向勤務を経験
➡業務内容については122ページを参照

10年目

役職が付き、現地法人などでマネジメントを経験

課長級 → 本社に戻り仕事を続ける

海外で別の赴任先に出る

部署を経て執行役員になる人もいます。また、商社はほかの業種に比べて離職率がとても低い職種ですが、商社である程度の経験を積んだあと、独立などを目指して離職する人も一定数存在します。

とくに、社内ベンチャー制度をとっている会社では事業をゼロから立ち上げる経験ができ、経営のノウハウを蓄積することもできるため、起業という選択を取りやすい環境が整っています。

社内ベンチャー制度
企業が新事業や新製品を作り出すために、企業内に独立した組織を作るしくみ。会社が資金や人員を提供して、新規事業の提案・企画・開発を独立した組織に運営させる。

Chapter6
07

新人商社マンの
１日のスケジュールモデル

商社の新人は配属された部署によって育成方法にはかなりの違いがあります。
ここでは最近の商社に典型的にありがちな事業会社を傘下に持つ営業部隊の
新人がどのような１日を送るか見てみましょう。

子会社の経営会議に出席する

メンター
職務上の指導者のこと。新人社員などに専任の指導者をつける制度をメンター制度という。

集中研修
人材の育成をするために、一定の期間にわたって、集中的に研修を行っていくこと。

　新人には指導員とかメンターと呼ばれる先輩社員がほぼマンツーマンで指導育成にあたります。朝から晩までほぼ丸１日顔を突き合わせる密度の濃い指導方法がとられることが多いのです。

　Ａさんはこの４月に入社した新人です。人事による集中研修が終了して、昨日から、配属先に出勤し始めました。配属先は、メディア事業部で商社としては珍しく放送を中心とするメディア分野でビジネスを展開している部署です。この部署では、衛星放送、ケーブルＴＶなどの放送事業者、その放送用のコンテンツを制作するチャンネルオペレーターなどを傘下の事業会社として管理、運営しています。

　Ａさんの今日の予定は、子会社の経営会議に出席することです。事業会社ではあるものの、業界の中で相応な立場を確保している会社です。メディア関連の会社によくありがちな派手な受付でD課長とＣ指導員は出迎えの事業会社の社長秘書とにこやかに挨拶を交わすと会議室に通されます。

　会議室にはすでに何人かの事業会社の役員が着席しており、Ｃ指導員と共にそれぞれ１人ずつ名刺交換をして回ります。事業会社の役員には、親会社からの出向者だけでなく、こういったメディアコンテンツの制作に携わる会社には専門知識、業界に明るいいわゆるプロパー役員も多数在籍しています。

プロパー役員
出向者ではなく、もともとその企業に在籍している役員のこと。さまざまな分野を扱いがちな出向者より、豊富な専門知識を持っていることが多い。

　経営会議の１つ目の議題は、新年度に向けた事業計画及び予算の確認、中期ビジョンの策定といった冒頭から数字のやり取りも含め侃々諤々の議論の応酬が続く、相当重い議題でした。次の議題である「放送コンテンツ制作の中期ビジョン」についてはプレゼン内容がまとめられていたこともあり、よく理解できました。

8:30	出社 新人研修レポートの添削
9:15	先輩社員（指導員）に新人研修レポートを提出 **C指導員:** 昨日の話をまったく聞いとらんな。こんな抽象的なことを書けとはいっていない。もっと具体的に要点をまとめる癖をつけること。もう１回やり直し！
9:30	課長、指導員と共に事業会社へ外出 **D課長:** Ａくん、Ｃくんはちゃんと指導してくれているか？ **Ａさん:** ハイ、しっかり指導してもらっています！ **C指導員:** 何いうとんや。まだたった１日でしっかりもありゃせえへんで。はっはっはっ！
10:00	事業会社での月１回の経営会議に参加 **Ａさん:** 新人の僕が出席していいのでしょうか **C指導員:** 今日は輝かしい第１歩。しっかり会議のやり取りを頭に叩き込めよ。君には帰ったら経営会議のレポートをまとめてもらうからね **Ａさん:** 何とかレポートにまとめないといけないな。集中しよう！ん、議論の内容がわからなくなってきた…… **C指導員:** 後でもう少しわかりやすく説明してやるから、まずは議論をしっかり集中して聞いておれ
12:00	会議終了 事業会社に出向している社員も交えて昼食 **出向中のKさん:** Ａくんも、あと３年もしたら出向して、現場を肌で感じて、事業とは何かをわかるようにならないといけないよ。本社は事業会社経営にシフトしていて「現場」がなくなっているから、出向して現場を経験することは商社マンのキャリア形成の上で大事だよ

第6章 商社マンの採用・待遇・キャリアパス

129

経営会議のレポートを作成する

　その後、Ｄ課長は社長と経理担当常務を交えた昼食を摂ることになっており、Ｃ指導員とＡさんは出向している若手3名との昼食に臨みました。中でも、出向5年目のＫさんからは、出向経験の大切さを教わりました。商社における本社と事業会社との人事ローテーションは、非常の重要な役割を担っているというものです。

　本社に帰ると、Ａさんは早速経営会議のレポートの作成に取り掛かります。恐る恐るＣ指導員にレポートを提出すると、案の定、待ってましたとばかりにＣ指導員からの添削が入り、ここまでやるかと思うほど、レポートはズタズタにされてしまいます。しかし、添削後書き直した文章を見ると、最初の文章と違い、Ａさん自身も驚くほどまとまっていました。

　Ｃ指導員の筆が入った後、課長にレポートを提出しました。Ｄ課長の指摘は、本社で社内にレポートを提出する際のポイントが多く含まれていました。事業会社が予算達成に向けてどう取り組もうとしているのか、事業のビジョンはどうか、という事柄に加えて、主管部署がその実現にどのように関与していくのかについての明確な意思表示も重要であるということでした。

社内提出用のレポートを書き上げ退社

　Ｄ課長の指摘したポイントを追記して「てにをは」をチェックしてようやく社内提出用のレポートが完成しました。すでに就業時間は過ぎていましたが、Ｃ指導員より研修レポートはその日のうちにまとめておけという指導もあり、必死の思いで研修レポートを書き上げました。18時30分、Ｃ指導員より帰宅ＯＫのサインが出て緊張の緒が切れたのか、頭の芯までジンジンする、もうこれ以上頭は回らない、といった状態になっていることをＡさんは自覚するのでした。

　独身寮に帰って、風呂に入り夕飯を食べると、何をする元気もなく、部屋に戻ると崩れ落ちるようにベッドに倒れ込むのでした。Ａさんは、ぐったり疲労感に打ちのめされながらも、少しの達成感を感じながらあっという間に眠りに落ちてしまいました。

レポート
ここでは、予算や売上実績の報告・提携内容の確認などについて話す経営会議の要点をまとめたものを指す。

主管部署
事業会社の業務執行の責任を負い、中心になって管理・管轄する部署や集団のこと。

▶ 新人商社マンＡさんの午後のスケジュール

13:00	帰社のためタクシー乗車 車内で指導員から会議のレビューを受ける
13:30	帰社 指導員から会議のレポート作成を指示される 2時間でまとめないといけない！うやむやなところもあるけれど、とにかく書き上げよう　Ａさん
15:30	レポート提出 指導員からレポートの作成方法について添削と指導を受ける はい、書き直し　Ｃ指導員
16:30	レポート再提出 再度訂正箇所の指摘等を踏まえ、最終レポート完成 Ｃ指導員の添削 ・論理的に議論を把握すること ・個条書きのフォームに落とし込むこと
17:00	指導員と共に課長にレポートを提出 レポートについて課長よりさらに修正が入る Ｄ課長の添削 ・事業会社の予算達成への取り組み ・事業のビジョン ・主管部の関与を明確に示すこと
17:45	レポートの最終版を作成 指導員に提出
18:00	研修レポートに取り掛かる
18:30	指導員より帰宅ＯＫが出る
20:00	ぐったりして独身寮に帰寮 お疲れ様。明日も頑張ろう！　Ａさん

第6章 商社マンの採用・待遇・キャリアパス

中堅商社マンの
1日のスケジュールモデル

入社8年目、営業部隊として勤務するBさんは翌日に海外出張を控えている
ため、その準備に大忙しです。そんな中、担当する工事現場で事故が発生し、
その対応にも追われることになります。

海外出張のための資料作り

　Bさんは入社8年目で営業部では脂の乗り始めた中堅どころで、
部長や課長からも期待されている1人です。翌日に海外出張を控
えたBさんは出張するための資料作りや社内手続きに大わらわで
す。そこに工事中に発生した事故の通報が入り、出張の目的は事
故対応へと大きな変更を余儀なくされました。

　この営業部隊は、中近東の産油国に向けて石油精製関連のプラ
ントを輸出する部隊で、中近東向けに業界でも定評のあるビジネ
ス展開をしています。Bさんが手掛けて輸出した精製プラントに
関し、据え付け工事中にプラントの一部が事故で破損するという
事態が発生したわけです。

　今回の客先との契約は、いわゆるEPC契約といわれるもので、
通常「フルターンキー契約」と呼ばれている契約形態です。プラ
ント建設工事が完成してプラントがまさにキーを差し込めば稼働
する状態で相手側に引き渡す条件なので、工事中の事故対応はこ
ちら側の責任範囲となります。Bさんは、プラント設備機器の供
給者であり、このプロジェクト遂行の技術的なパートナーである
エンジニアリング会社の技術者と明日出張することになっていた
のですが、この事故にいかに対応するかについて、社内、関係先
との協議が進められました。

EPC契約
発電所や石油プラ
ントなどの設計、調達、
建設を受託する「建
設工事請負契約」に
よるビジネスのこと。
「フルターンキー契
約」と呼ばれること
もある。鍵を回すだ
けで運転ができる状
態まで仕上げて設備
を納入するビジネス
モデルを意味してい
る

事故対応としてやるべき事柄を整理

　工事中の事故ということで確認しなければならないことが山の
ようにあります。人身事故が発生していないか、の確認から事故
原因の解明、事故の範囲の把握、修復に必要な設備範囲の確認、
その結果納期にどれだけ影響が出るか、客先への説明をどうする

▶ 中堅商社マンBさんの1日のスケジュール

8:30	出勤 メールチェック、問い合わせ対応
9:00	ミーティング
9:30	Bさんが手掛けた精製プラントの一部が、据え付け工事中に事故で破損したという連絡を受ける
10:00	中近東の産油国に向けた石油精製関連のプラントを輸出する部隊として、今回の事故に対応するための資料作り、社内手続き
12:00	昼休み
13:00	事態を把握するために、技術面においてのパートナー企業と相談する
14:00	・人身事故が発生していないか ・納期にどれだけ影響が出るか ・契約上の問題はないか ・海外での事故の場合の保険の手当は大丈夫か などを確認・検証する
15:30	事故原因の解明と事故の範囲の把握 修復に必要な設備範囲の確認を行う
17:00	状況を把握した上で納期にどれだけ影響が出るかを客先へ説明するための資料を作成を行う
20:00	翌日の出張に向けて、資料をまとめる 退社
翌日	一連の確認事項を網羅した資料を、社内関係部署やパートナー会社の営業窓口にメールにて周知し、あわただしく飛行機に乗り込む

かなど、実際の事故の処理問題に加え、契約上の問題はないか、海外での事故の場合の保険の手当は大丈夫か、まで膨大な検証をしておく必要があります。これら事故対応としてやるべき事柄を整理して、適切な対処の方法を見つけ出していく、このプロセスこそが**プロジェクトマネジメント**にほかなりません。

　翌日、Bさんはこれら一連の確認事項を網羅した資料を、社内関係部署やパートナー会社の営業窓口にメールにて周知した上で、あわただしく機上の人となるのでした。現地に着くまでのつかの間の休息時間になるのでしょうか？

プロジェクトマネジメント
納期が決められているプロジェクトをどのように遂行すれば成功するのかを考え、詳しく計画を立ててコントロールしていくこと。

Chapter6
09

商社の新卒採用事情

学生の就職先として人気のある総合商社。新卒採用の倍率は100倍を超える場合もあります。どのような人材が求められているのか、面接ではどのようにアピールすればよいかを紹介します。

就職人気ランキング上位に挙がる

　商社は昔から学生からの人気が高い就職先として注目を集めており、数年前までは、大学生を対象とした就職人気ランキングでは、上位10社のうち6社を商社が占めるなど、たいへん人気の高い業界でした。しかし、近年は保険会社や航空会社などの人気も高まり、昔ほど「商社一強」という状況ではなくなりました。

　キャリタス就活2021の総合ランキングでは、3位に伊藤忠商事、8位に三菱商事となっており、上位10社のうち、総合商社は2社のランクインとなっています。どちらも前年よりポイントは下がっていますが、安定して上位に名前が挙がっています。また、三井物産、住友商事、丸紅も50位以内に入っており、依然として総合商社の人気が伺えます。

総合職の倍率は100倍弱

　総合商社の採用について、一般職や事務職などは、毎年採用枠が10〜30名程度の狭き門となっているため、倍率が高くなりがちですが、総合職の倍率はそこまで高くはありません。先ほどのキャリタス就活2021の総合ランキングで3位にランクインした伊藤忠商事では、2015年の採用倍率は総合職で74倍、事務職で184倍となっていて、総合職の倍率は100倍を切っています。

　総合職においては男性のほうが多い印象ですが、近年は女性の採用を増やそうという動きもあります。中でも三菱商事、三井物産、住友商事が女性の採用に積極的です。そのうちもっとも新卒女性社員の割合が高いのは住友商事で、2019年の採用実績では合計171名の採用のうち女性が62名、比率としては約36％となっています。

採用枠
企業側が人材採用を行うにあたり、どの程度の人数を確保したいかあらかじめ規定したもの。

採用倍率
内定倍率ともいい、企業の求人に対し、エントリーシートを提出するなどして正式に応募した数を内定した人数で割った数。

▶ 2021年就活希望企業ランキング

1	東京海上日動火災保険 （前年10位）	**6**	全日本空輸（ANA） （前年6位）
2	損害保険ジャパン （前年103位）	**7**	ソニー （前年12位）
3	伊藤忠商事 （前年1位）	**8**	三菱商事 （前年3位）
4	三井住友海上火災保険 （前年30位）	**9**	サントリーグループ （前年4位）
5	日本航空（JAL） （前年9位）	**10**	トヨタ自動車 （前年2位）

三井物産：17位　　住友商事：29位　　丸紅：34位

出所：キャリタス就活2021

▶ 新入社員の男女比

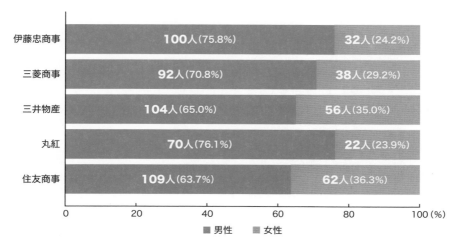

	男性	女性
伊藤忠商事	100人（75.8%）	32人（24.2%）
三菱商事	92人（70.8%）	38人（29.2%）
三井物産	104人（65.0%）	56人（35.0%）
丸紅	70人（76.1%）	22人（23.9%）
住友商事	109人（63.7%）	62人（36.3%）

出所：各社ホームページをもとに2019年のデータで作成

出身学部はあまり影響しない

商社の新卒採用では、どんな能力が求められるのでしょうか。優秀な人材が集まるイメージのある商社では、学歴や学部による選考基準を設けていると思われがちですが、新卒採用においては、面接の内容も鑑みて総合的に適性を判断するため、「この大学（学部）でないといけない」ということはありません。

文系、とくに商学部の出身が多い商社ですが、採用基準においては出身の学部や専攻による差異などはとくに設けられていません。理系の知識が必要な分野もあるので、理系であることを理由に諦める必要はないでしょう。たとえば、学生時代に機械工学を学んだ人であれば、機械分野ではもちろんその知識が活かせますし、ほかの分野でも周りの文系出身の社員と異なる視点で仕事へのアプローチができます。「理系の学部だから採用がされにくい」と臆する必要はありません。

TOEIC630以上の英語力が必須

資格による選考基準も設けられていませんが、海外企業を取引先に持つ商社では英語を使った業務も行うため、ある程度の英語力は備えておいたほうがよいでしょう。

過去に商社に内定をもらった人の多くは、800点以上のTOEICのスコアを持っています。商社への就職を考えているのであれば、最低でもTOEICのスコア630点程度の語学力を身に付けておきましょう。

面接のポイントはアピール力

面接の内容としてポイントとなるのは、自己アピール力です。自分が何をやりたくてエントリーしたのか、また、自分を客観視して自分自身の課題を見つけ、それを相手へ伝えられる力があるかという点は重要なポイントになります。

自分の長所だけでなく、課題やアピールポイントを正確に捉え、表現できる人が望まれるため、たどたどしくてもよいので、きちんと自分自身について伝えられるように自己分析をしておきましょう。

商学部
ビジネスやマーケティングを学ぶ学部。商社では事業内容が経営や金融、経済などと密接に関わることから、商学部・法学部・経済学部などの出身者が多い。

TOEIC
Test Of English for International Communicationの略。主にオフィスや日常生活における英語によるコミュニケーション能力を幅広く測定するための英語の試験。

▶ 新入社員の出身学部の文系・理系の割合

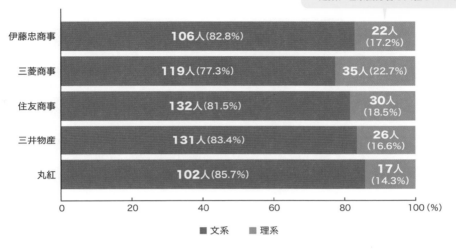

一定数、理系出身者も入社している

	文系	理系
伊藤忠商事	106人(82.8%)	22人(17.2%)
三菱商事	119人(77.3%)	35人(22.7%)
住友商事	132人(81.5%)	30人(18.5%)
三井物産	131人(83.4%)	26人(16.6%)
丸紅	102人(85.7%)	17人(14.3%)

■ 文系　■ 理系

出所：各社ホームページ・就職四季報をもとに2018年のデータで作成

▶ 求められる語学レベル（某商社の例）

レベル	TOEICスコア	評価
A	810	NON-Nativeとして十分なコミュニケーションができる。専門外の分野の話題に対しても十分な理解とふさわしい表現ができる
B	750	通常会話は完全に理解でき、応答もはやい。話題が専門分野にわたっても、対応できる力を持っている。業務上も大きな支障はない
C	630	日常生活のニーズを充足し、限定された範囲内では業務上のコミュニケーションができる。通常会話であれば、要点を理解し、応答にも支障はない

出所：国際ビジネスコミュニケーション協会の資料をもとに著者見解を踏まえ作成

新卒でいわゆる「足切り」の要件となっていない企業でも、海外赴任時や昇進時に700～800点程度のスコアを求められることは多くあります

Chapter6
10

商社の転職事情

転職先として人気の総合商社ですが、中途採用の枠は少ないため、転職は新卒以上に狭き門です。即戦力としての活躍が期待されるため、マネジメントスキルや語学力などが求められます。

優秀な人材が求められるキャリア採用

就職先として人気の高い総合商社は、転職市場でも人気の職種となっています。しかし、基本的に総合商社では、新卒で入社した社員を、時間をかけてじっくり育てていく文化があり、新卒採用がほとんどを占めているため、中途採用の枠は少ないのが現状です。ですが、もちろん中途採用を募集することもありますので、チャレンジしたい場合は希望の商社の採用情報をこまめにチェックしておきましょう。

中途採用の場合、幹部候補として期待される「キャリア採用」の募集が一般的です。キャリア採用の場合、即戦力としての活躍が期待されるのはもちろんのこと、マネジメントスキルも必要とされます。採用人数はそれほど多くなく、年間で部門ごとに数名程度、会社全体で10〜30名程度となっています。即戦力になる人材を求めているため、学歴や語学力、その他資格などのスキルも問われます。

総合商社への転職方法は、各社のサイトで中途採用の募集を確認するか、転職エージェントを活用するのが一般的です。企業によっては1年を通して中途採用を行っているところもあれば、一定の期間でしか行っていない企業もあります。そのような場合には、転職エージェントの非公開求人を利用している可能性もあるため、転職エージェントへの登録は済ませておきましょう。

一方、商社から他の企業へ移る「転職」事情についてですが、商社は入社後に特定の分野での専門性を高めることができるため、転職の際も希望の業界への転職が通りやすいというメリットがあります。特定のジャンルで3〜4年働き、仲間とともに起業して新しい事業を始めるという例も少なくありません。

転職エージェント
転職を検討している求職者と採用を考えている企業の間に立ち、仕事の条件や希望を確認し、保有している求人情報と照らし合わせることで転職成功を支援するサービス。

非公開求人
企業のWebサイトや転職サイトなどで、一般に公開されていない求人情報のことを指す。どのようなポジションで人を募集しているのかを一般の人は知ることができず、一部の転職エージェントのみ情報を把握している。

▶ 転職エージェントの非公開求人

❸適したポジションがある場合オファー

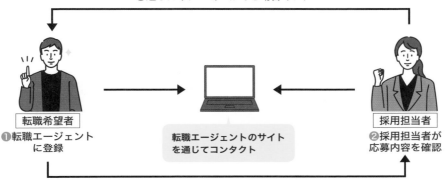

転職希望者	転職エージェントのサイト を通じてコンタクト	採用担当者
❶転職エージェント に登録		❷採用担当者が 応募内容を確認

❹応募側が合意したら面接へ進む

伊藤忠商事は転職エージェント「ミイダス」を利用して非公開求人による採用を行っている

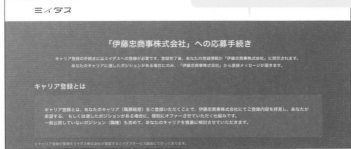

出所：ミイダス（https://miidas.jp/partner_apply/26797）

▶ 商社からの転職

商社で身につけた専門性を活かして、希望の業界へ転職

商社で学んだビジネスノウハウや人脈を活かして起業

上司と乗ったタクシーでの1コマ

初めての経営会議に
緊張するAさん

子会社の経営会議に初めて出席することになった新人のAさん（128ページ参照）。子会社とはいえ、経営会議にいきなり新人が出席してよいのか、Aさんはそわそわしながらも、資料を整理して鞄に詰め込んでいます。「課長、そろそろ行きましょうか」とC指導員が声をかけると、D課長も「おう、行こか」と返事し、AさんはC指導員、D課長と共にタクシー乗り場に急ぎました。

事業会社まではタクシーで20分です。Aさんはタクシー乗車の際の順位に従い、助手席に一番最後に乗り込みました。D課長から「Aくん、どうかね？ Cくんはちゃんと指導してくれているか？」といきなり尋ねてこられ、C指導員の手前もあり返答に窮していると「好きにいうてええよ。その辺はあっけらかんの会社やから」とC指導員。「ハイ、しっかり指導してもらっています！」と返答した途端にC指導員が「何いうとんや。まだたった1日でしっか

りもありゃせえへんで」と混ぜっ返してきて、D課長と後部席で大笑いです。Aさんは完全に委縮してしまいました。

事業会社に到着し
社長秘書に挨拶

Aさんが入社したS商事はルーツが関西ということもあり、関西出身者が非常に多く、「社内公用語は関西弁や」といってはばからない社員が多いことでも有名です。入社時の新人集合研修では東京本社での研修にもかかわらず関西弁が飛び交っていたため、関東出身のAさんが逆に身を小さくしてしまうほどでした。

そうこうしているうちに、車は事業会社に到着。Aさんは2人を追いかけるように付いていくとC指導員が「彼が今年当部に配属になったAくん。これからよろしく頼むわ」と秘書の女性に挨拶したので、「Aと申します。よろしくお願いします」と名刺を出しながら挨拶します。「Aさんですね。こちらこそよろしくお願いします」と優しく返されたので、少しほっとしたのでした。

第7章

商社の利益を生み出す 8つの機能

商社には、商取引、情報調査、市場開拓、事業経営、
リスクマネジメント、物流、金融、オーガナイザーの
8つの機能があります。それぞれの機能の背景や特徴、
事業内容、さらに、どのような構図で利益が生み出さ
れているのかを解説します。

Chapter7 01

総合商社の 主な利益のしくみ

これまで商社は、商売の仲介をすることで手数料を得るビジネスを展開してきました。その後、多くの子会社を持つようになり、グループとしての収益性に注目されるようになっていきます。

連結経営
親会社単独ではなく、子会社を含めた企業グループ全体の効率化を目的として経営する手法。グループ横断的に戦略を立案し、連結決算によって収益を管理する。

マリアージュ
別の存在であったものが組み合わさることで、これまでになかった新しい価値が生まれるという意味合い。

総合商社とメーカーの対立構造

総合商社の利益構造は時代の変遷とともに大きく変化してきました。企業会計の考え方、決算の在り方が世界的な流れとして連結経営を主軸とした会計処理によるものとなり、今では総合商社の利益を生み出す構図も、グループ経営による分散型収益を連結決算により本社でマリアージュする、という手法に代わってきています。

かつて、商社は大手の総合商社といえどもその類に漏れることはなく、商売における仲介業として商材の売買を行う中で手数料を得るビジネスモデルが中心でした。しかも、仲介手数料は契約金額に対する割合によって決められることが多く、仲介するビジネスが大きいほど手数料が増えることになります。

その結果、総合商社は仲介するビジネスの規模拡大を追求する一方、メーカーなど手数料を支払う側はビジネスの規模に応じてその割合の低減を求める、という対立構造が頻繁に発生していました。

売上高を競う総合商社と低い収益性

一時期、各総合商社がその売上高を競って、手数料の極めて少ない商売ですら売り上げを伸ばすために関わっていた、という今から見れば少し滑稽な競争をしていた時期がありました。

したがって、当時の総合商社の単体利益はその売上高に比してあまりにも収益性の悪いビジネスをひたすら追い求めている、というように評価される始末でした。

というのも、総合商社はある時期、それぞれ何十兆円という売上高にもかかわらず、単体最終利益が数百億円しかないという決

▶ 三菱商事の純利益推移

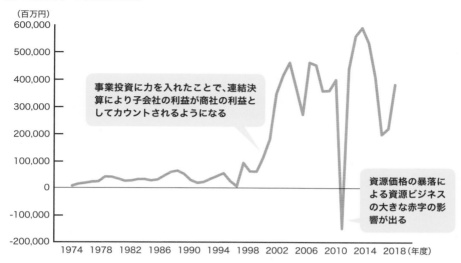

（百万円）

事業投資に力を入れたことで、連結決算により子会社の利益が商社の利益としてカウントされるようになる

資源価格の暴落による資源ビジネスの大きな赤字の影響が出る

1974 1978 1982 1986 1990 1994 1998 2002 2006 2010 2014 2018（年度）

出所：SPEEDA

▶ 総合商社の収益構造の変化

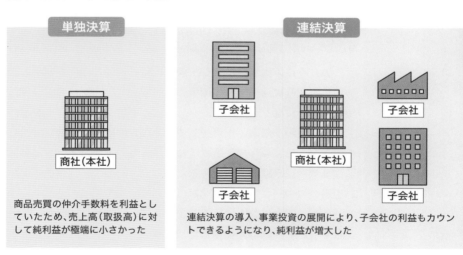

単独決算

商社（本社）

商品売買の仲介手数料を利益としていたため、売上高（取扱高）に対して純利益が極端に小さかった

連結決算

子会社

子会社

商社（本社）

子会社

子会社

連結決算の導入、事業投資の展開により、子会社の利益もカウントできるようになり、純利益が増大した

単体による仲介手数料がメインの利益構造から、連結により子会社の利益を巻き取る利益構造へと変化しました

算を繰り返し、やがて世界の経済界から「商社の売上高は実際に商材が動いた結果のものだけではないので、単にその商売に関わったというだけの結果を売上とするのは不自然である、せめて取扱高ぐらいの表現だろう」と厳しい指摘を受け、その後は取扱高と表現を訂正しています。

総合商社の利益構造に変化が生じる

ところが、企業の実際の収益力を評価するために連結会計の考え方が各企業の決算に反映されるようになると、総合商社の利益の生み出し方に変化が生じてきました。

まず、いわゆる商売で手数料を稼ぐ商取引ビジネスを行う部門として、鉄鋼、化学品、食品などそれぞれの業界別に関連子会社を設立しました。そして、連結決算の際に当該子会社の収益を親会社に巻き取るという構造で、各部門の子会社化を大きく進めました。その結果、本社の営業部には部長と事務職しかおらず、あとは子会社に出向しているというような営業部隊が普通に存在することになっています。

グループ全体の収益性向上を目指す

このように、実ビジネスを子会社で対応することで、親会社である総合商社は連結会計の環境の下、積極的な事業投資を展開していくことになります。

経営権を握るほどに出資をして、その企業収益を連結決算で巻き取ることで、単体決算時代では想像もつかないほど、連結による決算数字は飛躍的に増大することになりました。出資比率の低い出資先については、出資比率に応じた持ち分損益、という形で本社の利益アカウントに算入しています。

今や、総合商社の利益構造は、連結会計により子会社、関連事業会社を含めた企業グループ全体の収益に依拠しているわけで、企業評価もグループとしてのアクティビティを見た上で評価することが重要になってきています。

その意味で、総合商社は今後もグループの収益性を高めるために、これは、という案件には積極的に事業投資を進めていくことでしょう。

関連子会社
子会社と関連会社のこと。各商社が多くの関連子会社を抱えている。

▶ 事業投資と連結決算のしくみ

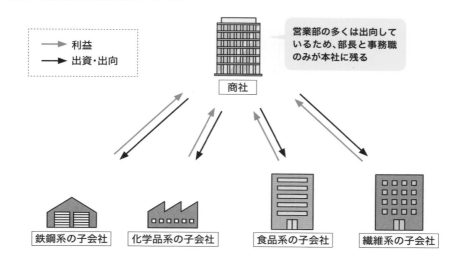

→ 利益
→ 出資・出向

商社

営業部の多くは出向しているため、部長と事務職のみが本社に残る

鉄鋼系の子会社　化学品系の子会社　食品系の子会社　繊維系の子会社

経営権を握るほどの出資により、単体決算時代と比べ、桁違いの企業収益を計上できるようになりました

▶ 出資比率の低い関連会社との関係

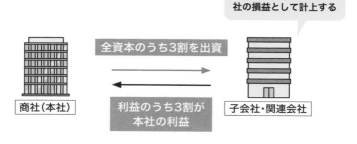

出資比率に応じた分を本社の損益として計上する

全資本のうち3割を出資

商社（本社）

利益のうち3割が本社の利益

子会社・関連会社

総合商社の利益は、子会社や関連会社を含めた企業グループ全体の収益で形成されています

商社が持つ
８つの機能

さまざまなビジネスを展開する商社ですが、その機能は商取引機能や情報調査機能、市場開拓機能など8つに分けられます。まずはそれぞれの機能の特徴を解説します。

商社が果たす8つの機能

　一般に商社がビジネスで果たしているいろんな機能については、商社の業界団体である日本貿易会が整理しているように、8つに分けられます。「商取引機能」「情報調査機能」「市場開拓機能」「事業経営機能」「リスクマネジメント機能」「物流（ロジスティクス）機能」「金融機能」「オーガナイザー機能」です。機能の詳しい内容については、148ページ以降で説明しますが、まずはそれぞれの特徴を簡単に説明します。

　1つ目の商取引機能は、商社のコアとなる機能でトレードの仲介を指します。

　2つ目の情報調査機能は、商社が保有するグローバルなネットワークで政治や経済などの情報を集め、事業の経営や戦略に役立てます。

　3つ目の市場開拓機能は、メーカーの販路拡大のために当初から求められていた機能で、世界各地のニーズと商品を掛け合わせ、マーケットを切り開きます。

　4つ目の事業経営機能は、幅広く展開するさまざまな事業を適切に経営する機能で、連結経営の定着で重要性が高まりました。

　5つ目のリスクマネジメント機能はもっとも重要な機能で、多くのビジネスで得た知見を活かし、リスクを最小限に抑えます。

　6つ目の物流機能は商取引に付随する機能でしたが、徐々に物流単体で付加価値を増大させる事業に昇華されています。

　7つ目の金融機能は、銀行とは異なる商社独自の金融として、各ビジネスに合わせた融資などを行います。

　8つ目のオーガナイザー機能は大型案件の増加に伴い、認識されるようになった機能でプロジェクトを取り仕切る役割です。

オーガナイザー
主催者・組織者など、組織をまとめて作り上げる人のこと。会社でいう社長、部署でいう部長がこれにあたる。

▶ 商社の8つの機能

1	**商取引機能**	商社のコア機能。需給格差や情報格差を活かした「モノ」や「サービス」の売買、いわゆる商取引を推進する
2	**情報調査機能**	世界各地の政治、経済、産業、先端技術、市場、地域、法律、税務など広範な分野にわたる情報を収集、分析する
3	**市場開拓機能**	世界市場の情報収集、分析を行い、需給をマッチングさせることによってグローバルな市場開拓を進める
4	**事業経営機能**	製品販売、資金調達、物流手配などの機能を活かし、ニーズを満たす商品やサービスの開発と事業化を支援する
5	**リスクマネジメント機能**	適切なパートナー選択や責任分担の適正化、各種保険制度の活用によってビジネス上のリスクを最小限に抑える
6	**物流機能**	陸、海、空を問わず、最適な物流手段を提供しながら、ITを活用した効率的な物流システムの実現を目指す
7	**金融機能**	取引先への立替与信、債務保証、融資、プロジェクトファイナンスなどを通じて、商社独自の金融機能を提供する
8	**オーガナイザー機能**	総合商社のアイデンティティ部分であり、商社の持つすべての機能を有機的に組み合わせ、大型プロジェクトを牽引する

出所：日本貿易会

▶ 商社のビジネスと機能

商社行うビジネスは大きく3つに分類され、それぞれをいくつかの機能が折り重なって構成している

商取引	事業投資	商社金融
・商取引機能 ・物流機能 ・リスクマネジメント機能	・情報調査機能 ・市場開拓機能 ・事業経営機能 ・リスクマネジメント機能 ・オーガナイザー機能	・金融機能 ・リスクマネジメント機能

商取引①
事業内容

商取引は、手段・知見を活かして、売買契約を成立・成就させることです。商社業界は国内外問わず、商取引を通してさまざまなビジネスを推進する企業組織といえます。

商取引を推進する商社のコア機能

需給格差
国・地域の違いなどによって需要と供給のバランスに差が出ること。

まずこの機能をどう定義づけをしているかについて、日本貿易会のホームページでは「グローバルな需給格差や情報格差を活かした『モノ』や『サービス』の売買、いわゆる商取引を推進する、商社のコア機能」としています。

商取引というと、モノのトレードをイメージする人も多いかもしれませんが、モノだけでなくサービスといった形のない商品もトレードの対象に含まれます。たとえば、観光や通信、技術などが商品としてのサービスになります。

また、モノの取引に付随するサービスもあります。大きく4つに分けられ、1つ目が輸送や通関などの物流、2つ目が資金調達や為替取引などの金融、3つ目が貿易など伴う保険、4つ目が各種契約に伴う法務・審査です。物流に関しては172ページ、金融に関しては176ページで説明するので、ここでは保険と法務・審査について説明します。

為替取引
地域的に離れた2者間で債権や債務を決済するにあたり、現金を直接輸送する以外の方法で同一地域の決済に振り替えること。この取引が国際間にわたるときは外国為替取引という。

保険には主に海上、貿易、火災などがあり、海上保険は輸出入中の事故に備える保険で、貿易保険は取引相手に不安がある場合などにかける保険です。火災保険は災害に備え、建物や設備にかけます。これらは商取引の際、取引先の要望により代行します。

法務・審査は、商社にある法務部が担当する業務で、貿易などに付随する契約書を作成したり、審査したりします。

商取引機能と国際ビジネスの推進

つまり、商売をする上で必要なさまざまな手続き、手段、知見などを駆使して売買契約を成立、成就させる営みを、全体的に評して商取引機能と表現しているわけです。

▶ 商取引機能

商取引の商品・サービス

- 鉄鋼、化学製品、食品
- 観光、通信、技術
- 輸送や通関
- 貿易に伴う保険
- 資金調達や為替取引
- 各種契約に伴う法務・審査

など

商取引の特徴①
商取引にまつわる付帯事業全般に広く及ぶ

商取引の特徴②
地理的にも経済的にも、事業規模が大きい

商社マンは幅広い業種や世界中の人々と交渉をするため、高いコミュニケーション能力が求められています

▶ 商社の保険業務と法務業務

保険や法務の業務は商社のグローバルビジネスを支えている

保険業務

貿易ビジネスにおける取り組み
- 国内グループ会社の資産毀損などへの対応
- グループ従業員へ保険サービスの提供
- 海外プロジェクトに関する再保険調達

リスク低減に向けた取り組み
- サイバーリスク、テロリスク、リコールリスクなどへの対応

事業の成長を支えるために、世界中の保険リスクマネジメント機能の高度化を行っている

法務業務

契約や取引関連の業務
- 契約書のひな形の作成、契約書の審査
- 海外との取引における契約事項の確認

組織運営に関する業務
- 株主総会や取締役会、子会社の設立

社内外の契約や取引に関わる法律業務や組織運営上の法務業務などを通じて、事業の健全な成長に貢献している

　また、この機能については、グローバルな環境において提供されるという意味で国際的なビジネスを手掛けている中で発揮され得るものといえるでしょう。逆に、国際的なビジネスを推進する企業組織であるという点が、商社を定義づけする大切な要素の1つといえます。

Chapter7
04

商取引②
商取引からビジネスが広がる

日本の高度経済成長を支えた商社。商取引を通じて得たビジネスに関する知見を、次のビジネスのチャンスに活かしています。その中で、メーカーとの関係も形を変えて続いています。

商社の新ビジネスとメーカーとの役割分担

これまで述べてきたように、商社における「商取引機能」は極めて大切な機能です。この機能によって、あらゆる産業のメインプレーヤーと取引を行うことができ、全世界の国々へ進出することができたわけです。加えて、日本のメーカーとの取引関係は、メーカーが高品質・廉価な製品を製造し、商社が全世界を相手に販売先・販路の拡充、ニーズのフィードバックを行う、というお互いの役割分担の上に成り立っていました。この取引関係は双方にとって非常に効率よく機能し、結果として、日本の高度経済成長を支える力強い機能分担であったといえるでしょう。

こういった関係性の中で商社は新たなビジネスを次々に生み出していくことになります。

とりわけ、メーカーとの深い関係をベースにした新しいビジネスへの取り組みは、日本の産業構造がその変質を余儀なくされる時代背景と相まって、単なる商取引の関係から進化を遂げていくことになりました。

フィードバック
業務内での行動やその結果を、行動した人や会社に対して伝え返すこと。ここでは、商品に対する要望などの情報をメーカーに伝えること。

高品質・高価格の日本の紙おむつ

少し長くなりますが、ここで1つ典型的な具体例を紹介します。

日本の紙おむつはその薄さにもかかわらず、柔らかい品質で水分の吸収力が高く、また、赤ちゃんの体の動きによくフィットし構造的に強い、といったさまざまな特長を持っています。日本メーカーは強い品質へのこだわりを持っていたため、海外の商品との値段の競争にはついていけませんでした。そこで、販売を担う商社は品質への強いこだわりを逆手に、それを市場に評価させる販売手法を取り、徐々に世界での紙おむつのシェアを勝ち取って

▶ 商社とメーカーの関係

商取引

- ・販路の拡充
- ・ニーズのフィードバック

商社

- ・高品質で廉価な製品製造

メーカー

役割分担により双方が機能したことで、効率よく世界へ進出できた

▶ 商社とメーカーの役割分担

品質への強いこだわり

- ・柔らかく、体にフィットする
- ・薄くて、水分の吸収力が高い

海外の低品質低価格な商品と価格で勝負しても勝てない

メーカー 高品質な商品の製造を続ける

商社 高品質であることを強く表現して、消費者の興味をひく

値段が高くても、高品質なものが選ばれるようになる

海外市場の状況

- ・日本からの輸入が中心
- ・輸送費が高く、販売価格が上がる

日本の店頭との差が問題となり、世界シェアが再び下がり始める

メーカー 社内で海外進出の準備を行う

商社 生産工場の設置や優秀な労働者の確保などを行う

メーカー 進出国で高品質な製品を作り続ける

商社 販売ルートや物流機能の提供する

いきました。ここに日本のメーカーと商社の役割分担が、美しく成立し機能していることが見て取れるでしょう。

商取引からビジネスの深化と拡大へ

次に、当初、海外マーケットは日本からの輸出が中心でしたが、紙おむつのような嵩張る商品は輸送費が高くつき、結果輸入国における価格は消費財にしては高い、という評価になり始めました。ブッちぎりの品質のよさで「少しくらい高くても日本製を」という消費者を多く惹きつけてはいましたが、日本の店頭との値段の差は徐々に問題になってきていたのです。そうなってくると、現地での生産を検討せざるを得ません。

商社は、こんなとき、メーカーに対して、現地生産に適した工業立地の選定、安価で優秀な労働力の確保、現地へ進出のためのさまざまな手続きなど、その豊富な現地情報と現地でのサービスを提供する、といったことに注力することになります。これらの情報やサービスは商社の社内では十分に共有されているので、社内ではどの営業部隊でも活用できるように準備されています。

この情報やサービスの提供がメーカーの海外進出の背中を押し、現地生産が実現すると、今度は現地での販売ルートや物流に会する機能提供に移っていくことになります。このように、商取引から始まったビジネスの関係はその連携の内容を広げ更なるビジネスの深化と拡大をもたらすことになります。

商取引機能がビジネスチャンスを生み出す

商社の経営トップが経済誌や業界誌のインタビューなどで「新規ビジネスは決して飛び地から生まれるものでない」といったことを強調するケースがよくあります。それは、この商取引機能を通じて得たそのビジネスに関する知見が、次のビジネスのチャンスを生み出すということを肌で感じているからでしょう。

紙おむつのコンセプトはアメリカメーカーの発明ですが、そのゴワゴワした品質で、国際市場では後発である日本メーカーに次第に負けていきました。その後、アメリカメーカーも日本メーカーレベルに品質改善してきており、現在では消費者ニーズを踏まえたレベルの高い競争関係にあるといえます。

輸送費
商品を販売先に運ぶための費用。単価が安く、体積が大きいものは単価に対する輸送費が高くなるため、輸出国と輸入国における店頭価格に差が大きくなる。

消費財
業務用としてではなく、個人や家庭で使用される商品のこと。消耗品だけでなく、家電や食料なども含まれる。

▶ 商取引から生まれる新ビジネス

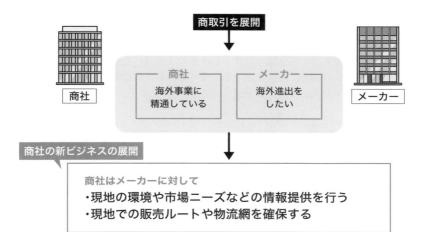

▶ 大手総合商社とメーカーが取り組むアジアの新ビジネス

総合商社はメーカーとともに、大きな生産消費市場を求めて、アジアを始めとした世界へ事業範囲を広げている

伊藤忠商事

老舗アパレルメーカー美濃屋とともに合弁会社「コンバースアパレル」を設立

目的	アジアを始めとした新市場開拓
効果	・進出国の経済安定 ・生産、消費市場の獲得

三菱商事

子会社の「MCデータプラス」による、建設向けのチャットアプリの開発と活用

目的	建設業において業務効率を高めて、新市場として獲得する
機能	・現場ごとのグループ作成が自動でできる ・技能労働者同士のスムーズに情報共有

住友商事

小売店向けの電子支払いプラットフォームを提供するミャンマーの企業「ニア・ミー(NearMe)」に出資

背景	・ミャンマーではスマートフォンの普及が拡大(そのインフラを担っている) ・銀行口座の保有率が低く、オンライン決済やモバイルマネーの需要が大きい
目的	新型コロナのパンデミックを契機に、デジタル化がより早く進め、新市場の開拓を行う

三井物産

インドネシアを中心にアジアで総合食品事業を展開する「FKSフード＆アグリ」に出資

背景	・東南アジアの人口増加 ・インドネシアは食品加工の重点市場であること
目的	・付加価値の高い製品で新市場を開拓 ・労働力と消費能力の獲得

「目利き能力」を伸ばす

情報調査①
事業内容

情報提供と事業運営上のリスク判断を行う商社にとって、情報調査はなくてはならない機能です。社会を取り巻く多くの情報の中から必要なものを選択し、仕事を進めて行くことが大切です。

情報を集め、選び、共有する

　商社が手掛けている仕事の範囲は実に多岐にわたります。多種多様な取り組み方があり、それぞれの業界に適したやり方・手法に則って推進しています。仕事を取り巻くいろんな情報を収集して、仕事の遂行に必要な情報を取捨選択しながら仕事をうまく進めていくのは、商社マンにとって極めて大切な心掛けです。

　では、仕事に必要な情報とはいったい何でしょうか。商社は世界各地に現地法人や駐在員網等グローバルなネットワークを保有しており、これらを通じて、世界各地から政治・経済・産業・企業・技術・マーケットなどの情報がタイムリーに入手できます。そして、その入手した情報をもとに会社の経営方針や事業の戦略などの策定に活用しています。

　さらに、これらの情報は取引先に適切な形で提供され、取引先の経営方針の策定などにも活用されています。とりわけ、最近の商社とメーカーとの関係はそれまでの販売先／仕入先という商売のつながりだけでなく、合弁事業や共同出資などの形で事業運営のパートナーである場合も多く、情報を適切に共有することは事業運営においても大切な機能となってきています。

事業経営を支える「目利き能力」

　もちろん、最近はインターネットやITの活用により、リアルタイムな一般情報はすぐ手に入れることは可能です。しかし、事業との係わりの深い情報を的確に収集して、事業運営に資する情報データに昇華させるためには、情報の「目利き能力」が大切になってきます。

　商社には、この「目利き能力」を有した情報のプロがたくさん

合弁事業
一般的に、ある特定の目的のために複数の会社が共同で出資して合弁会社を設立して行う事業のこと。

共同出資
複数の個人や企業が共同の事業に資金を出すこと。出資者が必ずしも経営者になるわけではないため、共同経営とは区別される。

世界各地に広がる商社のネットワーク

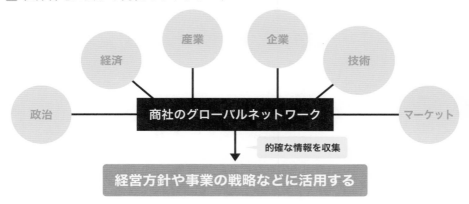

的確な情報を収集

経営方針や事業の戦略などに活用する

三菱商事の情報収集とビジネス

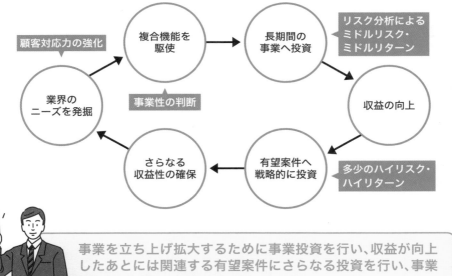

事業を立ち上げ拡大するために事業投資を行い、収益が向上したあとには関連する有望案件にさらなる投資を行い、事業開発のサイクルを回します

います。彼らは取捨選択した情報から事業に与える影響度を分析して、事業運営におけるリスクをミニマイズするといったことにも大きな貢献をしています。このように、商社の情報調査機能は、事業経営に必要な情報提供と事業運営上のリスク判断にとってなくてはならない機能といえます。

情報調査②
IT技術の進化に伴う質の変化

近年、情報通信技術の発展によって、情報の時間的速報性よりも質が問われるようになってきています。情報を分析し、重要性や必要性などを含めて伝える必要があるのです。

変化する商社情報の価値と評価

商談情報
商談の内容や取引先、顧客、進捗、商談時間、受注確度などをまとめた情報のこと。

　昔（おそらく20世紀いっぱいまで）の商社マンは、現在ほど情報通信事情が進歩していないので、よい商談情報が手に入ってそれを本社に投げれば、誰にも知られていない新しい商談情報として関係先に提供することができ、この時間的速報性が商社情報の価値でした。

　ところが、21世紀に入ってからインターネットに代表されるIT技術の急速な進歩とともに、情報の共有がタイムラグなしにできてしまう環境になってしまいました。さらに、日本の企業が多数海外進出をするようになったことで、単純に商品に対するニーズの大きさを伝えれば、市場調査の代役となりえたものが、今やそれだけでは情報として評価してくれません。進出している企業自身がその程度の市場分析はできている、ということも背景にあると考えられます。

提供する情報の質を高める

　その意味で、商社は提供する情報について、最早、時間的速報性より今度はその内容、とりわけ、重要性や必要性などの情報の属性に関する的確な分析をも加味して、立体感のある情報を提供することが求められていることになるでしょう。商社の提供する情報の質が問われるようになってきているわけです。

　商社がその提供する情報の質を高めるために外からの情報収集に加えてもう1つ身近なことを活用することが大切です。商社ではそれぞれの事業部門がその業界の上位の企業とはそれなりに深い付き合いをしています。つまり社内において別の業界の情報がかなりの奥行き感を持って、それもそんなに高いハードルを意識

▶ 商社情報の変化

商社の提供する情報の質がIT技術の進歩により問われるようになってきている

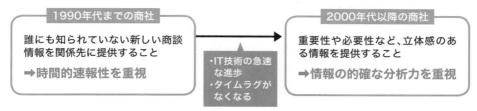

1990年代までの商社		2000年代以降の商社
誰にも知られていない新しい商談情報を関係先に提供すること ➡ **時間的速報性を重視**	・IT技術の急速な進歩 ・タイムラグがなくなる	重要性や必要性など、立体感のある情報を提供すること ➡ **情報の的確な分析力を重視**

▶ 住友商事の不動産事業と情報収集

住友商事の不動産投資開発事業部では、商業施設やホテルといった収益不動産の開発を行っており、投資案件を決めるために数百件もの物件を精査している

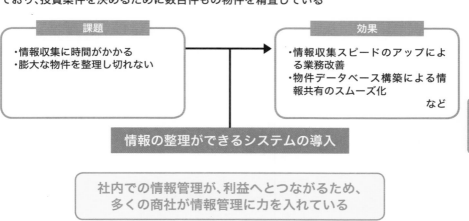

課題	効果
・情報収集に時間がかかる ・膨大な物件を整理し切れない	・情報収集スピードのアップによる業務改善 ・物件データベース構築による情報共有のスムーズ化 など

情報の整理ができるシステムの導入

社内での情報管理が、利益へとつながるため、
多くの商社が情報管理に力を入れている

会議効率が上がったことで多角的な視点からのより深い議論ができたり、新人や異動して間もない人でも進行中の業務を素早くキャッチアップできるようになったりするメリットもあります

することなく収集できる環境が存在していることです。社内における情報収集アンテナを高くしておくことも極めて大事な情報収集の手段ということになります。

Chapter7
07

市場開拓①
事業内容

日本経済発展や日本メーカーの製品の拡販のため重要な機能を担ってきた商社。マーケットニーズの構成を多面的、多角的に理解し、世界中で市場開拓を行っています。

商社の「市場開拓」が生み出す好循環

「市場開拓」は商社に最初から課せられた、日本における産業構造上の宿命的な機能といえるでしょう。日本経済発展のため、日本メーカーの製品の拡販のため、商社マンは全世界いたるところで市場を求めてひたすら動き回ってきました。

世界中に市場を求めることが世界の需要の動向を知る機会となり、この動きをメーカーにフィードバックすることによってより市場のニーズにマッチした製品の開発ができる、という好循環を生み出すことになります。

ここで、この展開は既視感があるように感じられないでしょうか。そうです。情報調査機能の説明でも同じようなくだりがあったとおり、市場開拓機能は情報調査機能と裏腹の関係にある機能といえるのです。

ただ、市場開拓機能は必ず具体的な成果を導き出すことが期待され、より現実的な売り上げなり儲けなり結果を出すことに直結している機能ということができます。

マーケットニーズを多面的に理解する

駐在国のマーケット情報を収集するのは当然であり、その雑多な情報の中から具体的なニーズを把握するためには、より深くマーケットの特性を理解する必要があります。マーケットニーズの構成を多面的、多角的に理解することによってより詳細なニーズの把握が可能となり、それが具体的な商談が発展していくわけです。

この意味でニーズに現場に近いところにいることが、市場開拓に必須であるといえるでしょう。

拡販
拡大販売の略。商品の販売数を拡大すること。商社の役割の原点ともいえる。

▶ 商社の市場開拓機能

	取引地域	未開拓地域
新規事業	・事業開発、ニーズ開拓 ・新製品開発戦略	・ニーズ開拓 ・多角化戦略
既存事業	・事業改善、ニーズ開拓 ・市場浸透戦略	・営業活動、ニーズ開拓 ・新市場開拓

少子化による市場の縮小や競争の激化が起こっている中で、企業成長の方向性を示す成長戦略は、市場である世界と投資事業などがカギとなっています

▶ 三井物産の「売る力」を活かしたビジネス

北海道の「植物育種研究所」が栄養価の高いタマネギが開発

→

日本各地で販売を開始。「さらさらゴールド」と命名されたタマネギは百貨店やスーパーで販売される

→

年間を通して安定的に供給するため、海外生産も含めた新市場の創出・拡大を目指す

北海道の植物育種研究所と三井物産が共同開発契約を締結

タマネギの収穫時期は地域と気候で異なる

現在は生産技術の輸出が行われ、オーストラリアやニュージーランドでも栽培されている

商社は、農業を始めとした新ビジネスの創出に取り組んでいます。また、観光事業など、地域の特性を活かしていくことにも力を入れています

👍 **ONE POINT**

航空機本体のリースから
パーツのリースへ

双日は従来より航空機本体のリースで利益を上げていましたが、近年、航空機パーツのリースに着目しました。古い機体を解体し部品のみを販売するという、純正パーツしか使えない航空機の特徴を捉えた収益性の高い事業といえます。この航空機事業における市場の拡大も、市場開拓の1つといえるでしょう。

Chapter7
08

市場開拓②
海外駐在の意味

華々しくスマートなイメージの商社マン。しかし、その実態は、合意が突然覆ることもある中で泥臭く交渉を続けています。商談をまとめるためにはその国の文化、慣習に適応し関係を築くことが重要なのです。

タフで泥臭い商社マンの日常

契約書
契約内容を表し、それが成立した事実を証明する文書のこと。継続して行われる取引における共通事項をまとめたものは基本契約書と呼ばれる。

かつて商社マンといえば、アタッシュケースを片手に颯爽と国際線に乗り込み、ビジネスクラスでパソコンに向かって英文の契約書の最終的な推敲をしている、とにかくタフでバイタリティあふれたスマートなイメージで語られていました。

しかし、実際の仕事の現場では、仕事はめちゃくちゃタフであったものの、颯爽とスマートなビジネスマンという風貌で語られるほど格好のよいものではありませんでした。先進国との商談はまだしも発展途上国とのビジネスは非常に泥臭い交渉をいつ果てるともなく続け、予定調和など考えもできない、合意が突然覆ることなど日常茶飯事、といった極めて理不尽ともいえる状況の中で、それでも契約を成立させ、商談をまとめることが要求されていました。

となると、ビジネススーツを身に纏い、という雰囲気からはほど遠い、Tシャツに半ズボン、ちょっとした手土産を入れたリュックと契約関係書類でパンパンになっているでかい鞄を引きずるように抱えながら、毎日客先のオフィスに出向いて契約交渉を続ける、というのが商社マンの日常でした。

国民性を把握し、協調関係を育む

経済状況や政治状況
生活のしやすさ、治安のよし悪しという点だけでなく、マーケットの調査や商談を行う上でも重要な要素となる。

海外駐在員は駐在している国の経済状況や政治状況だけでなく、その国の文化、歴史、慣習といったおよそビジネスにとってほど遠いさまざまな知識の吸収と発信を求められます。明文化された契約書だけで商談がまとまることはほとんどありません。契約書のそれぞれの条件をきちんと実行するため、さらなる協調関係がないと契約の実行段階でとんでもない障害が発生することもあり

海外駐在で知る世界の文化や国民性

海外駐在で得るもの

・駐在国の国民性　・言語
・駐在国の文化　　・環境への順応力
・駐在国の習慣　　など

駐在国の人々の価値観や考え方、文化に思いを馳せることが事業の成功のために重要となる

駐在国の生活に触れる機会

食
・歴史ある香辛料やハーブの香りを活かした食べ物
・ファストフードや小麦中心の食べ物

子どもの教育
・現地の学校または、インターナショナルスクール
・現地語のみのローカルの学校しかない国もある

日本人駐在員の多少や日本との距離、物価など生活においても、さまざまな違いがあります。知識の習得や環境への順応など、海外駐在はその国の国民性を把握する貴重な経験になります

ます。

　そのためには、その契約の相手方の考え方のベースに思いを馳せることが大切な要素になってきます。とくに、宗教の違いについては、最初は面食らうことが多く、生活や思考パターンなどの知識の習得とそういった環境への順応が大事です。

　その意味で、当該国へ駐在するということは、その国の国民性を把握する意味で非常に得難い経験をすることになります。そしてそれが、その国を市場と見るために必要な客観情勢の把握ということになるといえるでしょう。

Chapter7
09

事業経営①
事業内容

商売をすることから始まった商社ですが、多くの事業を展開する中でそれぞれの事業の内部まで飛び込むことも増えてきました。事業経営のプロを育成することで事業収益の拡大を目指し、現在では多くの産業を支えています。

サービスの提供とビジネス関係の強化

アクティビティ
活動という意味で、ビジネスにおいては作業や行動、業務の1つの単位として用いられる。

　商社にとって「事業経営」の機能がどうして必要とされているのでしょう。これは、どのようにして自身の重要なアクティビティの1つとして取り込んでいったのかを振り返ることによって、商社にとってのこの機能の位置づけを見ることができます。

　商社はその名の通り商（あきない＝商売）をする会社からスタートしています。その商売を営む仕入れ先や販売先に対して、商売に付帯するいろんなサービスを提供することで、商社は商売の拡大とビジネス関係の結びつきを強固なものにしてきました。

　提供するサービスには、情報収集・分析などのマーケットに関するものから、原材料調達の多角化、製品販売の販路拡大策の提供、効率的な物流手配など、商売そのものの具体的な取り組みから、究極的には生産増強に必要な資金調達、マネジメント人材育成のためのサポートまで幅広く対応してきました。

事業経営のプロを育成し収益を拡大

　商取引関係をベースにして培われたこれらの取り組みは、サービス提供を切り口に、その局面に応じた事業の可能性を追求する動きにつながりました。その結果、商社は自らが製造業に乗り出すなど、さまざまな取り組みを進めていくことになります。

　さまざまな分野での事業経験を積んでいくことで、商社は傘下に数多くの小会社、関連事業体を抱えることになり、事業経営のプロを育成することがますます重要になってきています（196ページ参照）。連結経営による事業経営手法が収益構造の柱として定着した今、商社にとって事業経営機能は、収益拡大のために極めて大事な機能として今後も拡大・充実させていくでしょう。

▶ 商社の事業経営

商社
あきない（商売）をする会社

変化 →

商売の付帯サービスを
提供する

商社
・情報収集・分析 ・原材料調達の多角化 ・製品販売の販路拡大策の提供 ・効率的な物流手配 ・生産増強に必要な資金調達 ・マネジメント人材育成のサポート

事業の可能性を追求する動きが活発になる

分野ごとの専門性を高めるため、
数多くの子会社や関連事業体を抱えることになる

収益拡大のためにそれぞれの事業を適切に経営する力が求められる

▶ 商社の連結子会社数・持分法適用会社数

社名	2015		2019	
	連結 子会社数	持分法 適用会社数	連結 子会社数	持分法 適用会社数
伊藤忠商事	571	223	600	209
	794		809	
三菱商事	815	427	1257	446
	1242		1703	
三井物産	275	187	283	223
	462		506	
丸紅	299	149	309	144
	448		453	
住友商事	577	269	663	294
	846		957	
双日	286	110	300	130
	396		430	
豊田通商	698	224	782	230
	922		1012	

事業拡大により、子会社を増やしている傾向があります。事業の可能性を追及し、次世代ビジネスにも力を入れ、国外だけでなく国内産業も支えています

出所：各社有価証券報告書をもとに作成

事業経営②
投資した事業との関わり方

事業運営や企業への参画を行い、ともに事業の価値を高めていく関係。それが事業投資を行う商社の姿です。さらに内部に投資した事業を評価する組織があり、管理体制が整えられます。

事業価値を高め、投資価値を極大化

総合商社の投資は、投資会社やファンドの投資の仕方と趣を異にすると折に触れ説明してきました。どの商社も異口同音に、「純粋に投資をしてその配当なりで儲けを得るのではなく、投資した対象である事業なり企業なりの成長と発展をともに推進するために投資をするのだ」といっています。

したがって、儲かっている業界に投資をしてその配当性向を上げてもうけを極大化するのではなく、たとえ今儲かっていなくても将来有望な企業や事業に投資をしています。その事業運営や企業への経営参画を通して、事業そのものの価値を高め、それによって投資自体の価値を極大化する、といった少し回りくどい手法を取っているといえばよいでしょうか。

事業の成長を評価する組織

もちろん、投資した案件がすべて成功しているわけではありません。中には、目論見が外れ大きな損害を生じてしまう案件も実はたくさんあります。ただ、商社の内部には、いろんな投資案件が投資を実行したときに、果たして期待通りの事業に成長しているのかをしっかりと評価する組織があります。この組織構造が投資にはやる営業の暴走をしっかりと差し止める働きをするわけです。

こういった内部のけん制機能が有効に働くことによって、実は商社の事業投資のリファインメントが進められます。すなわち、選択と集中ということが投資の分野でも行われるわけです。

また、成功している投資案件についても、いつまでもその事業の上に胡坐をかいていることは許されません。その事業の将来性

ファンド
本来は、多くの人からお金を集め、そのお金を使って何らかの活動や運用、事業などをするしくみのことを指すが、投資業界では、資産運用のための金融商品やそのような商品を運用する会社を表す。

リファインメント
洗練すること。ここでは、事業投資した案件を評価することで、投資事業をよりよく機能させることを指す。

▶ 事業投資の考え方

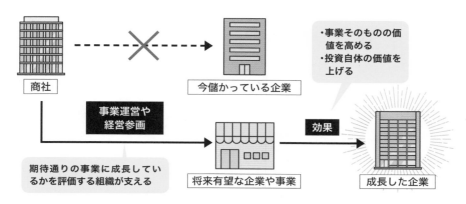

商社

今儲かっている企業

・事業そのものの価値を高める
・投資自体の価値を上げる

事業運営や経営参画

期待通りの事業に成長しているかを評価する組織が支える

将来有望な企業や事業

効果

成長した企業

▶ 将来の需要を予測した事業投資（三井物産の例）

三井物産はアジア、オセアニアにおいて、人口の増加や経済発展に伴い今後も医療費が増加することを見込み、イギリスのメディカアジアを約120億円を出資した

三井物産

事業投資

英メディカアジア社

自社の社員を出向させたり、自らが持つネットワークで支援し、企業価値を高めていく

アジアや香港で医薬品に関する情報を医療従事者や医療機関に提供している

商社は企業の経営を力強く推進するために、時には自社の社員を買収先の企業の社長にするなど、間接的にも直接的にも人的支援も惜しまず行っています

商社が着目する社会問題

地球規模の環境問題　不安定な世界経済　飢餓・貧困問題
少子高齢化　　　　　グローバル化　　　都市集中化

について大きな期待が持てなくなると、商社は次の投資対象案件の発掘を進め、既存事業の売却や撤退によって、次の有望案件に手を伸ばしていくことになります。このような一種の新陳代謝は商社の中では日常茶飯事といえるでしょう。

Chapter7
11

リスクマネジメント①
事業内容

ビッグビジネスにはリスクはつきものです。商社では、これまでに多く経験してきたビジネスでの失敗を活かしながら、リスク分析のプロ集団が組織的にリスクを最小限に抑えています。

リスク回避に全社を挙げて取り組む

　商社にとってリスクマネジメント機能は、今のように多様な機能を有する以前より、非常に大切な機能としてその充実を図ってきました。たびたび説明していますが、商社は貿易を通じて国際的なビジネスを行っています。当初は単純な資機材の輸出入に終始していたのですが、次第に各種のプラントや発電所の建設といった大型のプロジェクト案件に取り組むようになりました。とりわけ途上国向けにはこのような案件に数多く取り組むようになってきています。また、最近では、新規の成長分野でのベンチャー事業などへの取り組みも増えてきています。

　活動範囲の広い商社において、それぞれのビジネスのリスクをいかに判断しそれをマネージしていくかはビジネス成功の要諦といっても過言ではありません。

　168ページで詳しく説明しますが、商社はリスク回避、あるいはミニマイズのためにそれこそ全社を挙げて取り組んでいます。前述の途上国向けプロジェクト案件では、どれだけのリスクが想定されるでしょうか。大まかに見ても、地理的な要因、時間的な要因など数多くのリスクが存在します。

審査部門はリスク分析のプロ集団

　また、商社はこれまでに多くのビジネスで失敗も経験してきています。それらから得た知見は、今後のビジネスのリスク分析やリスク極小化に向けた貴重なノウハウとして社内に蓄積されており、その経験値を活かしたリスク分析のプロ集団として、審査部門という専門組織を社内に擁しています。この審査部門はどこの商社でも権限が大きく、このOKが出ないことには、社長といえ

ベンチャー事業
企業として新規に取り組むサービスやビジネスのこと。ベンチャー企業が取り組む事業だけでなく、既存企業の新規事業も含まれる。

審査部門
新規企業との取引や既存顧客との取引拡大にあたって問題はないか、決算書や商業登記などから相手先の経営状態を確認し、リスクを算定する部門のこと。

▶ 商社機能の変化とリスクマネジメント

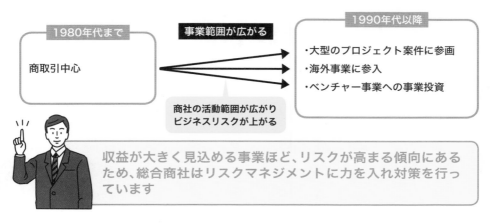

1980年代まで
商取引中心

事業範囲が広がる

1990年代以降
・大型のプロジェクト案件に参画
・海外事業に参入
・ベンチャー事業への事業投資

商社の活動範囲が広がり
ビジネスリスクが上がる

収益が大きく見込める事業ほど、リスクが高まる傾向にあるため、総合商社はリスクマネジメントに力を入れ対策を行っています

▶ 伊藤忠商事の事業投資プロセス

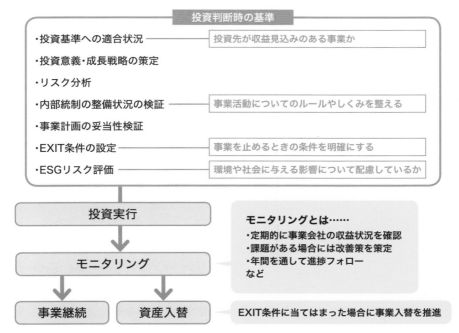

投資判断時の基準

・投資基準への適合状況 ──── 投資先が収益見込みのある事業か
・投資意義・成長戦略の策定
・リスク分析
・内部統制の整備状況の検証 ──── 事業活動についてのルールやしくみを整える
・事業計画の妥当性検証
・EXIT条件の設定 ──── 事業を止めるときの条件を明確にする
・ESGリスク評価 ──── 環境や社会に与える影響について配慮しているか

投資実行

モニタリング

モニタリングとは……
・定期的に事業会社の収益状況を確認
・課題がある場合には改善策を策定
・年間を通して進捗フォロー
など

事業継続　　資産入替　　EXIT条件に当てはまった場合に事業入替を推進

ども勝手にゴーサインは出せません。ビッグビジネスといわれるものにはリスクはつきものですが、商社はリスクミニマイズすることを組織的に取り組んだ上で、さまざまな案件を遂行しているといえます。

ビジネス上で遭遇する

リスクマネジメント②
リスク判断の仕方

ビジネスをする上では大きく分けて3つのリスクが存在します。リスクを背負ってでもするべきビジネスかを判断するために、さまざまな基準を設けています。

ビジネスの推進とさまざまなリスク

　社会生活を送っている私たち個人にも、いろんなリスクが周りに存在しています。私たちの生活において一番気になるリスクは、病気やケガなど直接的に身体に影響を及ぼすリスクでしょう。しかし、それだけではありません。さらに大きく生活を脅かす台風や地震のような自然災害のリスク、殺人・強盗・窃盗のような犯罪リスク、交通事故のような生活リスク、加えて勤務先の倒産や解雇といった経済リスクなど、こんなにも多くのリスクに囲まれて生活をしているのです。

　ビジネスの遂行にもさまざまなリスクが存在しています。個人に降りかかるリスクと共通する自然災害のリスクのほか、ビジネスを推進するから引き起こされるリスクもあります。ビジネスを推進して行く上で遭遇するいくつかのリスクを整理してみると、大きく分けて3つに分類されます。

避けて通れない市場リスク

　1つ目は「市場リスク」と呼ばれるもので、その中でさらに2つに分けられます。1つが取り扱う商品そのものに内在するリスクです。石油、鉄鉱石、銅などに代表される市況性の強い資源のように、国際的なマーケットで価格が決められる相場商品は、相場の変動によって価格が大きく左右されます。

　そして、もう1つが外国為替や金利の変動のように輸出入取引や長期契約において考慮する必要のあるリスクです。輸出入取引においては、商品代金の通貨を何にするかで為替リスクが発生します。幸い、円建ての契約であれば、リスクゼロですが、もし変動の激しい通貨による契約の場合はその為替リスクをどう見るか

市況性
市況とは市場の景気のこと。市場の景気のよし悪しによって、相場が大きく変動するものを市況性が強いという。

▶ 市場リスクと対策

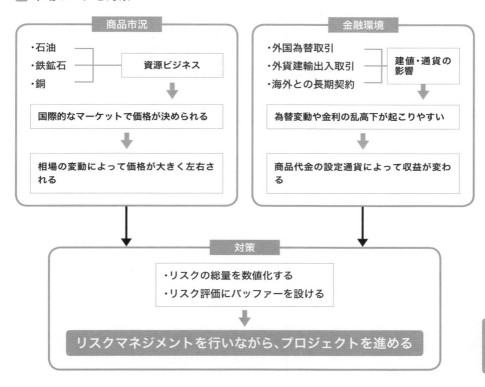

👆 ONE POINT

収益に大きく影響を与える
カントリーリスク

「市場リスク」の概念からは少し逸れますが、市場リスクと密接な関係にあるリスクに、「カントリーリスク」があります。国際ビジネスを推進する上で、相手国の政情不安や政変勃発など、国際的な政治状況に翻弄させられることがあります。その結果、外国為替の変動幅が大きくなったり、金利の乱高下が発生したりして収益に大きな影響を及ぼすこともあります。

極めて重要になってきます。また、金利の変動が激しい時期に長期契約を結ぶ際には金利の変動によって収益が大きく変わってくることもありえます。これらのリスクはビジネスを遂行する上で避けて通れないリスクと呼べるでしょう。

内部から発生するオペレーショナルリスク

2つ目に、聴きなれない言葉ですが「オペレーショナルリスク」というものがあります。企業活動を進めていく上で、企業組織・体制の内部から発生するさまざまなリスクの総称であり、右図のように分類されています。

ビジネスそのものに起因する信用リスク

3つ目に、ビジネスそのものに起因するリスクとして「信用リスク」があります。これは端的にいうと取引先が倒産して、売上債権の全額が回収できなくなり、損失を出してしまうことです。

最近では、取引先が突然廃業になってしまい、製品の材料が手に入らなくなるといった仕入れリスクも注目されています。

「ちゃんとした取引先を選んでおけば問題にならなかったのに」「この社長は少しおかしかった」など、後々批判が出やすいのがこのリスクに対する判断です。ただ、信用リスクは取引に直接関係し、収益の根幹をなす判断にかかわるものなので、商社のみならずいずれの業界の企業もこのリスク分析には注力をしています。

商社は膨大な取引を世界規模で推進しているわけで、商社が抱えるリスクの総量を計算してみたら（計算できるとは思いませんが）計り知れないボリュームになることは想像に難くありません。では、商社はこれらのリスクをどのようにマネージしているのでしょうか。個々のリスクを丁寧に分析し、当該取引が内包しているリスクを数量化する手法を編み出して、数値化によるリスク管理をしている商社もあります。

マネージ
経営すること、また、物事をとりまとめること。物事をうまく処理するという意味でも用いられる。

リスクの回避の手段を増やす

一方、リスクの中には、予見的にある程度までは推し量れても、実際に突発的に事態が発生することはままあります。とりわけ、国際的なビジネスを展開している商社は市場リスクに翻弄されることもよくあります。そのような場合にはどのようにリスクを判断しているのでしょうか。

ある商社では、当該ビジネスを取り囲むリスクの総量を数値化すると同時に、当該ビジネスが被るであろうリスクに対しての耐

オペレーショナルリスクと対策

オペレーショナルリスク	内容
事務リスク	従業員、役員の不正行為
システムリスク	システム障害や情報漏洩
人事管理リスク	差別行為、社員の犯罪行為
コンプライアンスリスク	法的要件の不備や法令違反
災害リスク	自然災害や人的災害
経営戦略リスク	経営判断や業務運営の誤り
風評リスク	会社に対するネガティブな認識

事務リスクや人事管理リスクは複数人で確認作業を行ったり、コミュニケーションを増やすことで抑えることができる

経営戦略リスクや風評リスクは、情報収集の徹底や正しい情報発信によって防ぐことができる

信用リスクと対策

Bメーカーに500万円の債権を有している

A商社 → Bメーカー

B社が倒産した場合、売上債権500万円が損失となってしまう

信用リスクの3つの要素
・どれくらいの期間の中で返済されるか
・どのくらいの割合で倒産が起るのか
・どれくらいの損失を出すのか

性をつける意味で、リスク評価にある程度のバッファーを設け、その上でもやるべきビジネスかどうかを見極めることでリスクの回避の手段を増やしておく、という手法を取っています。

　ただ、経験的にいえることは、どうしてもやりたいビジネスについては担当者の熱意もあり、リスク判断をする管理側の組織もどうしても判断が甘くなりがちです。さらに、トップ役員の思い入れの強い案件はリスクを軽く見がちです。

　これら組織の内部にあるリスク分析、判断の甘さ（これをオペレーショナルリスクと呼ぶべきでしょうが）が時に商社に巨大な減損を生じさせているということも、しっかりと認識しておく必要があるでしょう。

バッファー
直訳すると「緩衝器」や「緩和物」。転じて、ビジネスにおいては、ゆとりや余裕という意味で用いられる。

情報と経験を活かした

物流事業①
事業内容

もともと商取引に関わる付随業務として、陸・海・空を問わず最適な物流手段を提供してきました。近年は切り離された機能としてニーズに合わせた、搬入・仕分けなどより高度な物流システムの実現を目指しています。

本来は商取引に付随する機能

　商社にとって物流機能は、商取引に付随する当然の機能として認識されていました。というのも、日本から製品を輸出する際、メーカーとの受け渡し条件は、たとえば工場渡しであったり、港の倉庫渡しであったりいろいろでした。

　一方、海外の客先との受け渡し条件は、世界の国際貿易の条件として定められているインコタームズ（INCOTERMS）に則って行うことが通例であり、その条件はFOB、C＆F、CIFのように輸送コストを織り込んだ価格設定が普通です。したがって、商社はメーカーとの仕切りと客先との仕切りにおいて条件が異なる部分（この部分は主に、通関にかかわる経費や海上輸送費及び保険料に相当します）は、自らの業務範囲としてそのコストを負担していました。商社にとって物流というのが、商取引におけるごく自然な付随業務である、ことの意味が理解できると思います。

物流そのものを引き受けるサービス事業

　その後、ビジネスの業態がどんどん進化、発展してゆくと、それまで物流の専門家に任せていた物流が、事業の推進に欠かせない大切な機能になってきました。とくに、事業領域を川下分野に大きく展開し始めた小売事業などでは、たとえば、配送流通センターや食品流通に欠かせない保冷倉庫等物流は事業展開の重要な機能になってきています。

　今後、商社は、これら事業展開に欠かせない物流機能を付随業務から切り離し、物流そのものを引き受ける物流サービス事業として、物流の専門家とは一味違った付加価値を増大させながらアウトソーシング事業として取り組んでいくことでしょう。

インコタームズ
国際商業会議所（ICC）が策定した貿易条件の定義。異なる国同士の取引に必要な、国境を越えた場合や商品の所有権について、途中で商品が破損したときの責任の所在などを明確にする。

アウトソーシング事業
業務請負業。今まで社内で処理していた業務の一部、または全部を外部に委託する業務形態のこと。

▶ 国際貿易の条件

インコタームズとは……

国際商業会議所（ICC）が貿易取引における費用負担・範囲などの取引条件を定めた国際規則。貿易取引で、商品を輸送する際のリスクや費用を、誰がどの範囲まで負担するかを明記している

インコタームズの主な条件

条件	危険負担	費用負担	
		運賃	保険料
FOB	指定船積港で船上に商品を置くまで輸出	輸入側	輸入側
CFR（C&F）		指定仕向港までは輸出側	輸入側
CIF		輸出側	輸出側

▶ 大手コンビニによる共同物流拠点

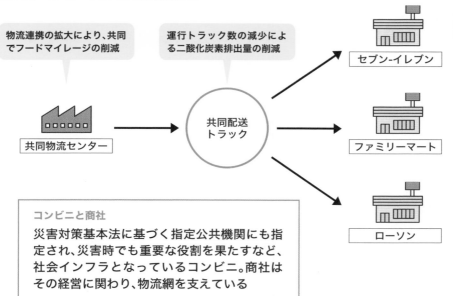

物流連携の拡大により、共同でフードマイレージの削減

運行トラック数の減少による二酸化炭素排出量の削減

共同物流センター → 共同配送トラック → セブン-イレブン / ファミリーマート / ローソン

コンビニと商社

災害対策基本法に基づく指定公共機関にも指定され、災害時でも重要な役割を果たすなど、社会インフラとなっているコンビニ。商社はその経営に関わり、物流網を支えている

Chapter7

14

物流事業②
商社が変える物流の在り方

社会のインフラである一方、人手不足などの課題が多く残る物流業界。商社は事業の効率化のためにデジタル化を進めています。

輸送、配送だけではない物流機能

物流業界といえば、国際物流における船舶海運業者、航空貨物を担う航空会社、国内物流ではJRに代表される鉄道輸送業者、日通のトラック輸送業者、そしてラストワンマイルを担っているクロネコヤマトのヤマト運輸など、専門の事業者がたくさんおり、それぞれ得意とする領域においてプロフェッショナルな物流事業を展開しています。さらに、物流というと、ものを右から左に輸送、配送することに目が行きがちですが、物流の大事な機能の1つで忘れてはならないのが保管、保存、貯蔵などの蓄蔵機能です。

生産コスト削減と生産効率向上を狙う

商社は自分たちが取り扱う商品の輸送については、その国際的な取引におけるさまざまな物流の在り方を経験してきました。これらの知見をもとに、商社は早い段階から物流事業については自らが乗り出す事業領域と捉えていました。日本のメーカーが製造拠点を海外に移し始め生産コストの削減に乗り出したころ、海外の工場で作る部品を本社工場にいかにジャストインタイムに納入できるかが問題になりました。

そこで、いくつかの商社は、海外の工場から本社工場への部品の輸送を一括で請け負う事業をスタートさせました。これは陸上輸送、通関業務、海上輸送、さらに国内輸入通関などを経て、工場に時間厳守で納めるというもので、複合一貫輸送の全体を請け負う新しい取り組みでした。これにより、生産コストの削減と生産効率の向上の二兎を追うことが可能になりました。

また、別の商社では、これから生活様式の変化により冷凍食品の需要が大きく伸びることを見越して、コールドチェーン（低温）

ラストワンマイル
最終拠点からエンドユーザーへの物流サービスのこと。物流業界においては、電子商取引の普及による小口多頻度化と労働力不足を背景に、このラストワンマイルをどう埋めるかが課題となっている。

ジャストインタイム
生産時の無駄を可能なかぎり排除することによって、必要な商品を必要なときに必要な量だけ生産、または調達する方法。トヨタが用いる生産方式として広く知られる。

▶ 商社と物流事業

1990年代、日本のメーカーが製造拠点を海外に移し始める	生産コストの削減のため
海外から本社工場への部品の輸送を一括で請け負う	時間通りに納入するため

↓

生産コストの削減と生産効率、双方の向上に力を入れることが可能に

商社の物流事業例

三菱商事とローソンが連携し「スマリボックス」を提供している。レンタル商品の返却や返品をスムーズに行うことができる。社会インフラサービスの拡充と、宅配に関する社会課題の解決を目的としている

チルドチェーン（冷蔵）、フローズンチェーン（冷凍）を構築して食品流通の動脈事業に打って出ています。ここでは、冷蔵、冷凍などの保冷機能を持った貯蔵設備を全国各地に配備してその流通機能の維持強化を図っています。

📍 ITの活用で高度化する物流機能

さらに、商社が川下事業である小売事業に参画すると、店舗での膨大な品ぞろえを支える物流機能について、その機能を切り出して物流のアウトソーシングを請け負う事業に取り組み始めました。ネット通販が全盛期を迎えている現在、物流機能を内製化できないベンチャー企業やスタートアップ企業にとっては、e-ビジネス事業推進の大きな手助けになってきています。

このように物流機能を高度化させることができるようになってきたのは、RFID、GPS、IoTといったITの活用に寄るところが大きく、商社の物流におけるDXは、通信の5Gの到来とAIの実用化を迎え、ますます進展していくことでしょう。

e-ビジネス事業
企業などの事業活動全般にわたってインターネットや関連する情報・通信技術を導入し、業務工程を全面的に電子化して効率化すること。

RFID
Radio Frequency Identifierの略で、ID情報を埋め込んだRFタグから、電波を介して非接触で情報をやり取りするシステムのこと。

金融事業①
事業内容

ビジネスの業態に合わせ金融機能を的確に提供する商社の金融事業。商社金融は事業買収などの資金調達支援などの一方、リスクヘッジまで担っていることが特徴です。

さまざまな事態、局面に対応する商社金融

商社が行う金融は銀行などの金融機関が提供するいわゆる融資とは大きく異なります。典型的な金融機関の融資は、借り手が融資に対する何らかの担保を提供して、お金を借りる形です。ところが商社金融といわれる金融形態はさまざまな事態、局面に対してまさに融通無碍な対応をしています。

商社金融のサービスに関して、商社の業界団体である日本貿易会では、「取引先に対する立替与信」「債務保証」「融資」「プロジェクトファイナンス」「為替ディーリング」「商品ファンド提供」「リースサービス」の7つに整理しています。

事業買収・合併に関わる資金調達を支援

取り組んでいるビジネスの業態に合わせ、また、資金を必要とする事業の進捗度合いに応じた金融機能を適宜的確に提供しているといえます。

そして、商社金融のもっとも特筆すべき重要な機能は、前述のさまざまな商社金融がそれぞれの局面において、一種のリスクヘッジまでも担っていることです。このリスクヘッジにつながる点が一般の金融機関による融資と根本的に異なる点といえます。

最近では、ベンチャー投資やM＆Aに係る資金調達にも積極的に乗り出しています。リスクマネーを提供し、成長を支援するベンチャーキャピタル的な機能、あるいはM＆AやMBO・EBOなど事業買収・合併に関わる資金調達支援など、商社の金融機能はリスクヘッジと表裏一体の関係の中で積極的に取り進められています。

ベンチャーキャピタル
ベンチャー企業やスタートアップ企業など、高い成長が期待される未上場企業に対して出資を行う投資会社のこと。日本のベンチャーキャピタルの多くは銀行や証券会社などの関連会社である。

MBO
会社の経営陣が株主から自社の株式を譲り受けたり、会社の事業部門のトップが該当する事業部門の事業譲渡を受けたりしてオーナー経営者として独立すること。

EBO
会社の従業員がその会社の事業を買収したり、経営権を取得したりすること。中小企業などを中心に、古くから盛んに行われている。

▶ 商社金融の7つのサービス

商社金融は、さまざまな事態や局面に対応している

取引先に対する立替与信
取引企業の負担するべき金銭を商社が立て替え、信用を共有する

為替ディーリング
外国為替市場における為替の売買取引を行い、利益を得る

債務保証
取引先企業の保証人になり、事業に向けた資金調達の支援をする

商品ファンド提供
集めた資金を商品先物取引や金融先物取引などで運用し、投資事業などに用いる

融資
取引先企業の事業に必要な資金を商社が提供する

リースサービス
取引企業に長期的に機材や不動産を貸し、事業投資の成長を支援する

プロジェクトファイナンス
取引企業がともにプロジェクトを行い、生じる収益や資産をもとに資金を調達

取引先企業のビジネスの業態や事業の進捗に合わせて金融機能を提供しています

出所：日本貿易会

▶ MBO・EBO

事業買収・合併に関する方法はM&A以外にも、MBO・EBOがあり、商社はそのための資金調達の支援などをしている

MBO
経営陣がオーナー社長や親会社から自社株式を買い取り、経営権を獲得すること

メリット
・企業の所有者と経営者を一致できる
・意思決定が迅速になる

デメリット
・現状維持の経営となることが多い
・経営体質が変化しない

EBO
従業員による企業買収のこと

メリット
・会社の引き継ぎがスムーズにできる
・経営権の譲渡のみで成立する

デメリット
・買収する従業員が会社の株を購入する必要がある
・会社の株を購入するために融資を受けるのは厳しい

Chapter7 16

金融事業②
商社金融と一般金融の違い

企業経営などに深く関わっていくと商社金融の姿も変化していきます。個別の金融機能に加えて、すべての取引先に通用する事業を、商社の金融機能から創出していく動きも見られます。

リスクヘッジによって仲介手数料を獲得

商社金融と一概にいっても、現在、その形は決して一様ではありません。銀行の融資、ファンドの投資などと違い商社の金融機能は変化する取引実態に合わせ、内容がますます複雑化、高度化しているといえるでしょう。

商社金融のそもそもの姿は、商取引において製品販売の代金を早く回収したいサプライヤーと、商品を仕入れてもそれが稼ぎになるまでは支払いたくないバイヤー側の間に立ち、サプライヤーには代金の支払いを早め、バイヤーに対しては代金回収の時期を遅らせるものでした。つまり、代金決済の仲介という、一種の立替え払いに近い金融機能だったのです。

この機能には、サプライヤーにしてもバイヤーにしても、販売先、仕入れ先に対する信用リスクを、商社を通すことによって回避するリスクヘッジの要素があり、そのリスクを取ることによって、商社は仲介手数料を獲得できたともいえます。

リース業にも手を広げる

その後、商社の仕事が事業運営、企業経営に深く関わるようになっていくに従って、商社金融の中身もどんどん変化していきます。事業立ち上げ段階での出資に始まり、運営資金の融資、直接お金を貸すわけではないですが、事業会社の資金調達の際の保証など、事業がうまく回っていくために必要な局面、局面での金融機能を提供することが重要になってきました。

一方、事業運営や企業経営において個別に提供する金融機能とは別に、商社がさまざまな取引を通してどの取引先に対しても通用する金融機能を切り出して事業化し、その機能を取引先に提供

バイヤー
商品計画や品揃え構成計画に沿った形で商品を選定し、メーカーや問屋などから直接買い付けを行う人のこと。流行を先読みして生産者と消費者を繋ぐことで、流通業界を支える役割も担っている。

▶ 商社金融と一般金融の違い

商社金融	一般金融
・投資先企業で利益を出すことが目的 ・自社に関係する企業との取引が多い ・経営に直接かかわる	・お金を貸して利息を得ることが目的 ・幅広い企業、業界との取引 ・経営者の立場には立たない

⟶ 商社金融と一般金融は投資における収益構造が異なる

▶ 商社金融の原点

サプライヤーとバイヤーの持つ信用リスクを取ることで、仲介手数料を獲得していた

サプライヤー	取引 ⟶	バイヤー
製品販売の代金を早く回収したい	仲介	商品を仕入れても稼ぎになるまで支払いたくない

商社が代わりに支払い、代金の回収を早める

商社が代わりに支払い、代金支払いの時期を遅らせる

商社

近年、発展途上国を中心にしたマイクロリース事業も注目されています。商社金融の機能を活かして、さらに世界の市場を開拓していくでしょう

👍 ONE POINT

航空機リースと
総合商社の新規事業

総合商社は航空機のリースを始め、航空業界への参入に力を入れています。丸紅は航空機の中でも、基幹となるエンジンのリース事業に着手。その後も国内外の航空業界の大手企業に出資し、事業参入の強化を図っています。また、航空機業界に強い双日はANAと組み、国際線から最終目的地までの乗り継ぎチャーター便などの手配事業を展開しています。

する事業も手掛けています。端的な例はリース事業です。

　最初はオフィスの什器備品のリースから始まり、メーカーの製造設備のリース、コンピュータリース、ついには航空機リースにまで手を拡げ、今や世界の航空業界は日本の総合商社系のリース会社の保有機で占められているといっても過言ではありません。

Chapter7
17

オーガナイザー機能①
事業内容

案件がますます大型化する中、広範囲な契約条件を取りまとめる商社はオーガナイザーとして、プロジェクトパートナーにとってなくてはならない機能を持つようになります。

全体を取り仕切るプロジェクトマネージャー

商社のオーガナイザー機能が認識されるようになったのは、受注範囲の広い契約形態が増えてきたころからでしょう。というのも、国内メーカーの工業製品を輸出するだけでなく、設備機器なども取りまとめてプラントとして輸出し、さらにその機器の据え付けや関連工事まで請け負うことが一般化してきたからです。

すなわち、プラントビジネスや火力発電プロジェクトのように大型案件への取り組みが増えてきて、一緒にプロジェクトを遂行するメーカー、現地工事業者、運送業者などの関係者が増えてきました。また、さまざま事態に対応して、契約相手先との継続的な交渉が必要になってきたことなど、プロジェクト全体を取り仕切るプロジェクトマネージャー的な機能を期待され、その役割を遂行してきたところで、商社のオーガナイザーとしての機能を認識されるようになったわけです。

その後、契約する案件はますます大型化しており、商社のオーガナイザー機能はプロジェクトパートナーにとってなくてはならない機能となってきています。

商社の持っている機能を複合的に活用

日本貿易会の定義では、大型プロジェクトの遂行において商社が持つさまざまな機能を提供すること、その結果としてプロジェクトが成功裏に終了することを商社のオーガナイザー機能の発揮と呼んでいます。たとえば発電所の建設、高速道路や橋梁の建設、最近では通信施設の建設等大型施設の建設を請け負うにあたっては、商社の持っているさまざまな機能を複合的に活用しないことにプロジェクトの成功も覚束ないでしょう。

据え付け
資機材を納入する際に設置まですること。資機材納入メーカーとのコネクションも求められる。

プロジェクトマネージャー
プロジェクト全体の進行を管理し、予算や品質、納期、成果物のクオリティに対して全責任を持つ役職。

オーガナイザー機能

発展途上国で大型プロジェクトに参画する

建設グループ
・プラントメーカー
・海外の有力メーカー
・現地の有力企業
・生産物の購買先企業
・資機材納入メーカー

ファイナンスグループ
・国内外の銀行
・主要国の制度金融を活用

国内外のネットワークやグローバルな取引先とのつながりを活かして、迅速にプロジェクトチームを組成

リスクの分散による円滑なプロジェクトの成功を目指す

プロジェクトが大きくなればなるほど、契約範囲やリスクは拡大していくので、全体を把握する商社のオーガナイザー機能は重要な役割を担うことになります

台湾高速鉄道と商社

台湾高速鉄道とは……

台湾の二大都市である台北−高雄間345kmを最速90分で結ぶ高速鉄道。2000年に日本企業7社が台湾高速鉄道プロジェクトを受注。2007年に営業運転開始後、順調に運行を続けている

台湾新幹線株式会社
・三菱重工業　　・三井物産
・川崎重工業　　・三菱商事
・東芝　　　　　・丸紅
　　　　　　　　・住友商事

日本連合7社により設立

・国家プロジェクトなどは、受注する民間共同企業体の体制作りと維持が極めて重要なファクターとなる
・政府や大学、メーカーの研究機関が産学官で組織を作り、進めていくことも多い

↓

商社のオーガナイザー機能をもとに中心となって進めていくことで、プロジェクトを成功へ導いている

出所：日本鉄道システム輸出組合

オーガナイザー機能②
商取引におけるオーガナイザー

関係者の相互利害を調整し、全体を把握してビジネスをスムーズに取り進めていく商社のオーガナイザー機能。プロジェクト遂行に必要な事柄をタイミングよく提供することが大切です。

商取引機能がプロジェクトのベース

サプライ契約
商品の所有権の移転を将来の一定の時期に行うことを約束する契約。供給契約ともいう。

　大型建設プロジェクトにしても、その基本的な契約形態は、客先とのプラントや発電所のような契約対象物件のサプライ契約であり、その引き渡し、受け取りに至るまでの時間的なプロセスも含めてプロジェクトごとにいろんな制約条件が付くにすぎません。その意味で、どれだけ大型であっても、プロジェクトビジネスは商社にとって商取引機能をベースにしたビジネスといえます。

契約上の権利義務を明らかにしておく

　とはいえ、大型の、たとえば火力発電所建設のようなプロジェクトになると、実際には発電所を建てる建設予定地の造成工事から始まる土木工事を現場で進める一方で、発電に必要なプラント設備の仕入れ先であるメーカーへの製造発注、それら設備機器の輸送、搬入に係る運送会社との交渉、輸出入に係る通関業務を始めとする諸手続きなど、予想される業務は複雑で数限りなく出てきます。これらを客先との間で取り交わす契約条件にすべて織り込んで、契約上の権利義務を明らかにしておくことが非常に重要になってきます。

　とくに国際契約においては、それぞれの国によって権利義務の考え方が違っていたり、仕事を受注する側がどうしても弱い立場で契約条件を呑まされたりするケースもよくあります。

　したがって、プロジェクトに取り掛かる際にとくに注意をしておかないといけないことは、客先との契約条件で決してこちらが不利な条件を呑むことがないようにすることです。

標準条件書
請負業者の責任やコンサルタントの権限と義務、また技術仕様にしたがって契約を効率的に履行するための詳細な手順などの事項を規定したもの。基本契約書ともいう。

　その意味で、数多くの経験事例が蓄積されており、国際契約の締結の際に必要な標準条件書の作成業務にも携わっている商社は、

▶ 商取引とオーガナイザー機能

大型建設プロジェクト

商社の業務

・建設予定地の造成工事
・メーカーへの製造発注
・設備機器の輸送、搬入
・運送会社との交渉
・輸出、輸入に係る通関業務
・現地労務者の管理、監督
など

ひとつひとつの業務で、商社の商
取引機能が活かされる

プロジェクト遂行時の注意点

引き渡しまでの時間的なプロセス
も含めてプロジェクトごとに制約
条件が付く

⬇

・客先との間で取り交わす契約条件
にすべて織り込み、契約上の権利
義務を明らかにすることが重要
・客先との契約条件で不利な条件で
契約を結ぶことがないようにする

プロジェクト遂行に必要な事柄をタイミングよく的確な形で
提供し、プロジェクト全体をスムーズに進行できるようにす
ることが大切です

国際契約を締結する際には非常に頼りがいのあるパートナーにな
ります。さらに、プロジェクト遂行における大切な要素の1つに
納期管理がありますが、この辺の全体スケジュールの管理という
点においても商社は無類の力を発揮できます。

◉ 必要な事柄を的確な形で提供する

これらを総合すると、プロジェクトの全体を把握して、そのプ
ロジェクト関係者の相互の条件合わせをしつつ執り進めることに、
商社は極めて長けているといえるでしょう。

プロジェクトにおけるオーガナイザー機能とは単に1人の商社
マンが中心になって全体を取りまとめるといったものではなく、
あくまでフラットな形でありながら、プロジェクト遂行に必要な
事柄をタイミングよく、的確な形で提供することでプロジェクト
全体がスムーズに進行できる状態に持っていくこと、これすなわ
ち商社におけるオーガナイザー機能の発露といってもよいでしょ
う。

インドネシアのバイクリース

インドネシアの必需品
バイクをリース販売

178ページで商社がリース事業も手掛けていると説明しましたが、海外では、発展途上国を中心にマイクロリースが注目されています。

マイクロリースとは、法人向けのリースに対し、一般の消費者に向けたの比較的少額で行えるリースのことです。

ある商社では、インドネシアで国民の足といわれているバイクをリース販売して、大規模なビジネスに発展させました。

インドネシアでは公共交通がまだそんなに普及してないので、バイクが国民の移動の必需品です。一家に1台は必ずあり、日本では完全に交通規則違反ですが1台のバイクに一家族5人全員が乗って走り回っている光景をよく目にします。

とはいっても、バイク1台の値段はさほど高くないとはいえ、インドネシアの平均的な国民の所得からすると、まだまだ高価な買い物の部類です。

毎月の少額の支払いで
バイクを入手できる

そこでその商社はバイク販売会社と手を組んで、バイクリースを展開することにしたわけです。このビジネスの構造はこうです。

バイクをリースで購入した家庭は毎月少額の支払いが発生するのですが、その支払いが滞るとバイクを引き取られてしまうことになります（リース代金の不払いによるリース物件の回収）。さらに、このリース代金の毎月の支払いは集金人が回収する形を取りました。

この集金人がそれぞれの家庭の支払い状況をしっかり把握できるので、集金人による与信管理は非常に有効だったと聞いています。こうして、インドネシアの国民は生活の「足」であるバイクを安い費用で手に入れながら、一方できちんと代金支払いを続けていかなければバイクを回収されてしまうという環境にあります。彼らはそうした中、たくましく生活しているのです。

第**8**章

商社が展開する
ビジネスモデル事業例

第7章では商社の8つの機能について解説しました
が、ここでは、それぞれの機能がどのようにビジネス
に結びついているのかを、より具体的に解説します。
また、それに対する各商社の動向も交えて紹介します。

投資会社としての商社

商社業界は、投資の対象を資源関連ビジネスから、非資源ビジネスにシフトして行くことで収益を得るスタイルに変化しています。商社自身が中心となって、事業を引っ張っていくことが増えています。

自らが成長を促せる事業に対して投資

　16ページでも説明しましたが、一般的に投資会社は、投資の対象となる事業（あるいは企業）の成長性を判断して成長が見込まれる事業にしか投資をしません。

　ところが、商社の場合、その事業投資は、自らが核となって事業の成長をけん引することを前提とした投資や、社内でのシナジーが大きく波及効果の優れた事業投資、がよく行われます。今の成長を担保するのではなく、自らが将来の成長を促すことができる事業に対して投資をする、という色合いが強いといえます。

中国の高度経済成長で資源ビジネスに傾倒

　ただ、そうはいっても、儲けが大きく、利益確保が容易な案件に投資をして大きな損失を被った例もあります。それが資源ビジネスへの投資です。

　資源ビジネスへの投資は、決して安易に大儲けをしようという下心で取り組んだものではありません。資源の取引は需要家である日本素材メーカーがその実力を蓄え自ら直接取引を志向し始めた中で、商社外しや手数料の削減など取引そのものが利益を生まないビジネスになってしまいました。

　そこで、商社の資源部隊はその挽回策として、資源会社への直接投資を行うことになったのです。このとき、世界では中国が著しい経済成長を遂げ始め、資源価格の高騰を呼ぶことになり、資源会社の企業価値は大いに上がりました。商社は資源会社への投資をすればますます収益が上がると見込み、多少投資単価が高くても積極的に資源会社への投資を進めました。

直接投資
ある国の企業が国外で事業活動を行うことを目的として株式を購入したり、現地の既存企業を買収したり、新たに工場を建設したりすること。

▶ 大手商社と非資源ビジネスの例

商社はここ数年、事業投資の非資源ビジネス、とくに川下事業にシフトしている

伊藤忠商事

- **子会社化**
  - ジーンズメーカー「エドウイングループ」
  - 外車ディーラー「ヤナセ」
- **完全子会社化** ── コンビニ大手「ファミリーマート」

三菱商事

- **子会社化**
  - コンビニ大手「ローソン」
  - 大手食品メーカー「米久」
- **資本提携** ── 料理動画配信会社「CookpadTV」

📍 資源会社の価値下落で減損処理を迫られる

　ところが、中国の経済が減速に陥ると、たちまちにして資源会社への投資の高値つかみが露わになってしまいました。資源価格の下落と共に資源会社の企業価値は大きく下落し、資源会社の価値の高いときに資本参加した日本の商社はことごとく投資金額の評価の見直しを迫られ、それぞれ各商社は大きな減損処理をすることになりました。

📍 川下ビジネスにウェイトを置く

　しかし、この経験を踏まえ、商社は今投資の対象を資源関連ビジネスから非資源ビジネスに大きくシフトしています（24ページ参照）。中でも、これまで川上事業に偏っていたビジネスのウェイトを川下ビジネスに置くようになってきたのです。

　伊藤忠のファミリーマートの子会社化、三菱のローソンの子会社化など各商社はこぞって川下事業にシフトしてきています。

高値つかみ
今後上昇すると予測した相場がその直後に下落してしまうこと。その中でも一番高い値段で買ってしまうことを「天井つかみ」という。

第8章　商社が展開するビジネスモデル事業例

Chapter8
02

先遣隊に欠かせぬ
パートナーの選定

商社は世界各国にビジネスパートナーを持ち、情報収集や事業推進にその関係性を活かしています。とくに事業参画などにおいては、強い信頼関係のもと価値観を共有しながら進めていきます。

📍 マーケットの文化的な特性や生活習慣を知る

　昔のたとえ話にこのような話があります。アフリカの原住民がみな裸足で生活をしているのを見て、ある商社マンは、靴を履く文化がないのだから、靴なんか売れるわけがない、マーケットはない、と落胆しますが、別の商社マンは、靴を履いてない人がこれだけたくさんしているのだから、靴を履くようになればものすごいマーケットになるぞ、と興奮して飛び上がってしまう、というものです。この話でどちらの商社マンのほうが素晴らしいか、の議論はさておくとして、市場を開拓するときに事前の情報収集とその分析、検討はかかせません。

　日本の商品、製品がどんなに優れたものであっても、そのマーケットを構成する国、地域の文化的な特性や生活習慣などの基本的な事柄を十分に理解しないと、市場に受け入れられない商品をひたすら売り込むことになりかねません。

📍 各国に存在する市場調査のパートナー

　もちろん、そのために市場調査と称して、専門的なリサーチ会社やコンサルタント会社に調査を依頼することもよくありますが、なかなか地に足の着いた情報を獲得するところまで深い情報収集というわけにはいきません。

　こういったときに、当該地域、国に置いてそのマーケットに精通したビジネスパートナーの存在が重要になってきます。商社は幅広い分野において、各地、各国にビジネスパートナーを設けています。その関係性は情報収集をしてくれるエージェント的な働きをするものから、事業を立ち上げ共に事業推進をする事業パートナーと呼べる関係までさまざまです。

リサーチ会社
マーケティングリサーチやコンシューマー調査など、顧客の要望にもとづき、市場の動向調査や消費者のニーズ調査を行会社のこと。

コンサルタント会社
さまざまな課題を抱えた企業などの役員に対して解決策を示し、その発展を助ける業務を取り扱う会社のこと。

裸足で生活するアフリカの原住民を見た商社マンは……

これだけたくさんの人が靴を履いてないんだ。靴を履くようになれば、大きなマーケットになるぞ

靴を履く文化がないんだな。ここには靴が売れるマーケットはないな

商社マンA

商社マンB

マーケットにおける文化的な特性や生活習慣などを理解しないと、
受け入れられない商品をひたすら売り込むことに……

商社は市場調査のため、
各地にビジネスパートナーを配置している

🔵 事業の成否にかかわるパートナー選定

　事業の進捗ステージによって付き合うパートナーが変わるケースも存在します。誰をパートナーに選定するか、これによって事業の成否が大きく分かれることになるということです。

　単に情報収集だけのエージェント的なパートナーはともかく、ともに事業に参画しようかというレベルでのパートナーとなれば、強固な信頼関係なくして成り立たないでしょうし、お互いの価値観の共有ということも大事な要素になってきます。

　商品、サービスの売り込みのために何をするべきか、といった市場分析に始まり、どういう付加サービスが必要か、どういう販売体制でやるかなど、ビジネスの将来を具体的に議論できる関係が極めて大切です。

Chapter8
03

メーカーと連携して
海外市場を切り開く

メーカーと連携して海外市場を切り開くと、その市場の物と金の流れを支えることにつながり、その地域の国民生活向上の支援や、消費市場拡大のメリットも出てきます。途上国で気をつける政治リスクとともに解説します。

日本企業の海外進出を手助け

1990年代、急激な円高によって、日本の労働賃金が相対的に高くなりました。そこで日本のメーカーは製造コスト削減のため、労働賃金の低いアジア諸国に生産設備を移転し、海外生産を積極的に推し進めました。

商社はこういったメーカーの動きを受けて、日本企業の工場を誘致したい現地政府と連携し、工業団地の造成などを通して日本企業の進出の手助けをしました。そして、進出した企業に対しては、工場移転に伴う各種サポート、さらには生産された製品物流の手配、販売体制の構築まで各種サービスを提供してきました。

タイやインドネシアが消費市場に成長

当初、日本企業はその安い労働力を求めて進出しましたが、経済が発展して国民生活のレベルが向上してくると、消費市場としての魅力が一気に増しました。そこで商社は進出先の国を日本製品の売り込み先として市場を開拓していきます。その消費市場としての価値を目覚ましく高めたのがタイ、そしてインドネシアです。加えて、この2国を追随する形で、ベトナム、ミャンマーも著しい成長を遂げています。

ただし、海外ビジネスで常に気をつけなければならないリスクとして政治リスクがあります。とくに東南アジア諸国については、いつ何時政変によって経済情勢が急変するわからないという状況がつきまといます。

政治リスクを常に意識しながらそれに対してどう対応するかという問題は、商社だけではなく海外進出を目論む日本企業にとって極めて重要な経営課題といえます。

消費市場
消費者向けの市場のこと。経済環境がよくなると、個人向けの商品がよく売れるため、ビジネスが展開しやすくなる。

政治リスク
特定の国の政情不安や政治の混乱、重大な政策の失敗、紛争などの政治的要因により、株式や債券などの資産価値が下落したり、為替相場が暴落したりするリスクのこと。

▶ 産業化と消費市場としての成長

安い労働力を求めて進出した国々が産業の活性化を経て消費市場へと成長する

日本のメーカーが安い労働力を求めて海外へ進出

東南アジア諸国は経済
情勢が不安定なため、
政治リスクに注意する

現地において工業化が進み、雇用が増加する

産業活動が活発になり、国民生活がのレベルが向上

経済状況がよくなり、消費市場としての魅力が増す

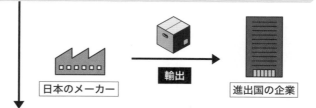

商社にとって日本製品の新しい売り込み先へ

タイやインドネシアを始め、ベトナム、ミャンマーの成長が著しい

海外ビジネスをする上で政治リスクは常に存在するので、ど
う乗り越えるかが課題です

Chapter8
04

商社による
事業マネジメント

事業の成長を支えていくことが商社の仕事の1つです。そのため、事業マネジメントを担う人材が必要になります。商社で活躍する人の多くは事業投資会社への出向により、マネジメント力を養っていくのです。

はっきりとした成長戦略を持って投資する

　商社の事業投資は自らが事業経営に係る前提の投資が非常に多いということを繰り返し述べてきました。商社という業態がそのような特性を持っているともいえます。すなわち、今や商社にとって投資に踏み切る時点で、その事業（あるいは企業）をいかに成長させるか、その成長はだれがどのように担保するのかが、はっきりしているということになります。

　このことは商社が連結対象となる関係会社を数多く持っている事実からも伺えます。

事業をマネージできる人材を育てる

　そうなると、事業をどうマネージするかが非常に重要になってきます。投資した事業がキチンと成長戦略を描き、成長路線をひた走る形を実現可能にするマネジメントが必要です。ここで問われるのは、それだけ多くの事業に手を広げている商社が、それぞれの事業を適正にマネジメントできる人材を抱えられているのか、という点です。

　商社は事業をマネージする人材の育成には、非常に力を入れています。かつて、ある商社の社長は「当社は600人の社長を生み出す」と豪語したことがあります（まだ子会社の数が200社程度のときの話です）。それほどまでに、投資した事業はしっかりと育てる覚悟を持っているということだといえます。

様変わりする商社のオフィス

　今、商社のオフィスにいくとよくわかりますが、かつては電話が鳴り響き、タイプライターの音がパチパチとせわしなく聞こえ

成長戦略
将来の成長が見込め、長きにわたって利益をもたらすためには、サービスの開発や市場の開拓をどのように進めていくかという戦略のこと。

▶ 事業投資に欠かせない人材育成

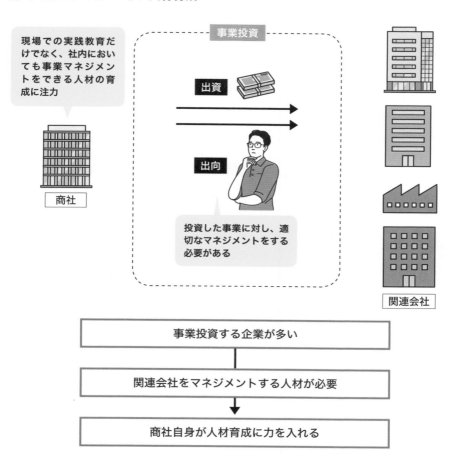

現場での実践教育だけでなく、社内においても事業マネジメントをできる人材の育成に注力

事業投資

出資

出向

投資した事業に対し、適切なマネジメントをする必要がある

商社

関連会社

事業投資する企業が多い

↓

関連会社をマネジメントする人材が必要

↓

商社自身が人材育成に力を入れる

👍 ONE POINT

大手総合商社の
人材育成が目指すもの

世界で活躍する人材を育成したい、やりがいを持って長く会社に貢献してほしいなど、企業は目的に沿った人材育成の制度を充実させています。たとえば住友商事では、6カ月間の部門長ワークショップとして、将来、住友商事グループの経営を担うポジションでの活躍が期待される社員を対象に、経営者が持つべき視点や覚悟について考え、学ぶプログラムを行っています。個人のレベルアップを通じて、会社に貢献できる力が求められています。

ていた喧騒に満ちた空間が、静まり返ったラウンジのような雰囲気を醸し出し、時に笑い声がするくらいの静けさになっています。

営業部といえども、本社にはその構成人員はほとんどおらず、ほぼ全員が事業会社へ出向している、といったケースが実によく散見されます。事務所には部長以下新人と一般職だけ、といった具合です。

若いときから事業投資会社に出向することにより、マネジメントの要諦を早い時期に習得することも目的になっています。

情報通信分野で手当たり次第に出資

商社の投資は現在の事業に近いところで、シナジー効果の高いものや、市場占有率の増大を見込めるなど、既存事業との結びつきを考慮した事業投資が結構多いといえます。

ただ、そういった定石でない事業投資を行ったこともあります。それは、1980年代半ば、NTTの民営化と通信自由化を機に新電電（NCC）の誕生、通信衛星によるCS放送の開始、ケーブルTV事業の民間開放など、放送と通信の分野での民営化、事業開放が始まり、各商社はここぞとばかりに新しい事業立ち上げに参画しました。

とくに国内電話は新電電へ、KDDに独占されていた国際電話はITJ、IDCへ、そして、現在は存在しませんがCS放送が外資に開放されたときに外資系CS放送会社へと、ある意味手あたり次第に出資をしていったのです。

もくろみが外れ、バブル崩壊後に収束

これからの次世代産業としての情報通信分野への取り組みとしては、方向性は正しかったのですが、なかなか当初のもくろみ通りの事業が進展せず、バブル崩壊後、CS衛星放送は最終的にスカパーJSATに集約されました。また、国際電話はITJ、IDCが合併したのち国内電話の日本テレコムによる吸収合併が行われ、これが現在のソフトバンクの前身です。情報通信分野の民営化、通信衛星による放送などの開放政策の下、一連の商社による出資で事業として体をなしているのは住友商事のJCOM（ケーブルTV事業）ぐらいだといわれています。

市場占有率
ある製品の売上がその市場全体の売上に占める割合のこと。市場シェア、あるいはシェアとも呼ばれる。

次世代産業
成長率が高い、または成長性のある産業分野のこと。たとえば、医療、介護、EV（電気自動車）、太陽光発電などがある。

▶ 大手総合商社の人材育成ビジョン

企業名	人材育成ビジョン
伊藤忠商事	・マーケティングのプロを育成 ・研修プログラムの継続的な開発 ・社員個人のキャリア意識の育成
三菱商事	・事業価値向上にコミットする人材を輩出 ・「構想力」「実行力」「倫理観」の高水準化 ・社員の自律的成長
住友商事	・新たな価値を創造し続け広く社会に貢献 ・計画的な採用・育成・活躍の推進 ・人材育成のスピードアップ
三井物産	・多様な個を尊重 ・新たな価値を生む人材の育成 ・専門性と幅広い知識の習得

▶ 通信自由化と商社の新事業

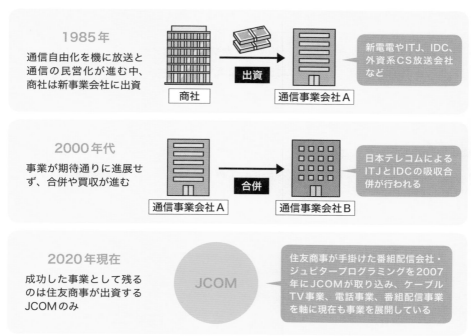

1985年

通信自由化を機に放送と通信の民営化が進む中、商社は新事業会社に出資

出資

商社 → 通信事業会社A

新電電やITJ、IDC、外資系CS放送会社など

2000年代

事業が期待通りに進展せず、合併や買収が進む

合併

通信事業会社A → 通信事業会社B

日本テレコムによるITJとIDCの吸収合併が行われる

2020年現在

成功した事業として残るのは住友商事が出資するJCOMのみ

JCOM

住友商事が手掛けた番組配信会社・ジュピタープログラミングを2007年にJCOMが取り込み、ケーブルTV事業、電話事業、番組配信事業を軸に現在も事業を展開している

※ スカパーJSATは筆頭株主は伊藤忠だが、放送事業者らの合計出資比率のほうが大きいため事業運営は放送事業者が中心に行っている

Chapter8
05

経営者を育成して投資先会社を運営する

投資先会社を支える営業部隊と営業部隊を支える管理部隊という2つの構造で商社は機能しています。営業部隊を育てることで、優れた経営マインドを持った商社マンを生み出し、事業会社に利益をもたらすのです。

本社機能を司る管理協力部隊

　商社の組織を見ると、人事、総務、財務、経理といった「管理協力部隊」と事業分野別の「営業部隊」に大きく分けることができます。「管理協力部隊」は文字通り、本社機能を司るバックオフィス的な組織で、連結経営が普通となった商社では非常に重要な機能を持っています。

出向が常態化する営業部隊

　一方、本社が抱える「営業部隊」はどうでしょうか。「営業部隊」は、昔のように大勢の営業マンが社内外を駆け回っている、といった光景はあまり見られません。これはひとえに商社の収益構造が、連結経営による子会社、関連会社からの連結利益をベースに成り立っているからです。

　したがって、営業部隊の要員の多くは、子会社、関連会社へ出向することが常態化しており、出向先の事業経営を通じて本社へ収益を還元するしくみになっています。つまり、子会社、関連事業会社がキチンと収益を上げることができるようにする事業経営が営業部隊の非常に重要な任務になってきます。

> **連結利益**
> 親会社と、子会社を含めた企業グループ全体の利益を合計したもの。税引き後の純利益の場合、連結純利益となる。

事業会社の運営で経営者としての能力を磨く

　そこで商社は事業経営を担える人材の育成に力を入れており、若いときからいくつもの事業会社への出向経験を通して、経営者としての能力を磨く、というプロセスを採用しています。

　もちろん、本社の方針を踏まえた事業会社の運営となりますが、それでも、会社のトップとして事業を推進するので、経営者に必要な素養をしっかりと身に付ける努力が求められます。

▶ 商社の本社部門と関連会社への出向

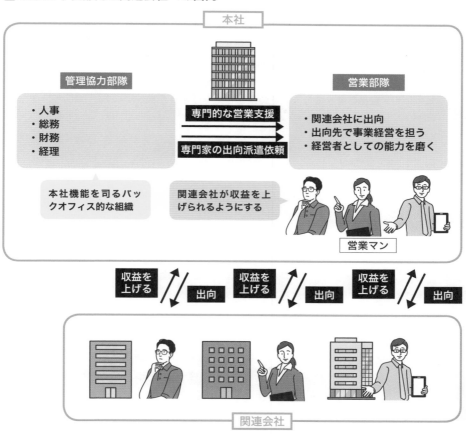

▶ 経営者の育成フロー（住友商事の例）

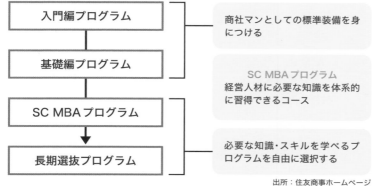

出所：住友商事ホームページ

バリューチェーンを構築する

川上から川下まで事業投資を手掛ける商社。流通における仲介機能を一括して商社が担うことで、効率的に収益を上げています。商社のコンビニ事業や食品事業への介入がその例として挙げられます。

商社がつなぐサプライチェーン

商社にとって、その商取引機能の発揮できる場所は、あらゆる事業セグメントの間に存在しており、商社は機敏にその間に介入し、この機能を遺憾なく発揮することで商取引の仲介事業者として、存在を確かなものにしてきました。そして、この流通における仲介機能を連鎖的に構成することによって、一種のサプライチェーンができ上がることになります。

川上である原材料の調達によって供給網の構築に携わり、途中の川中流通部分では、加工、組み立てなどの付加価値を拡大しながら物流までを手掛け、川下である小売業には事業投資を行います。それによって小売収益を自らの収益源として取り込む、といったトレーディング（商取引）機能と事業投資機能が組み合わさった一気通貫の収益モデルができ上がることになります。

サプライチェーン
個々の企業の役割分担にかかわらず、製品の原材料や部品の調達から製造、在庫管理、配送、販売、消費までの一連の流れのこと。日本語では「供給連鎖」という。

高い付加価値を持つバリューチェーン

そして、このような付加価値をつけながら川上から川下までの事業セグメントにしっかり食い込んだ事業展開モデルを時に「バリューチェーン」と呼ぶことがあります。付加価値の高いサプライチェーンともいえるでしょう。

三菱商事や伊藤忠傘下の食品グループ会社とコンビニ事業との関連、三井物産の食品グループ相互の関係等、食品流通分野において商社のバリューチェーンは極めて高い効果、効率を発揮しています。

バリューチェーン
製品の製造や販売、開発や労務管理などすべての活動を価値の連鎖として捉える考え方。競合と比較してどこに強みや弱みがあるかを分析し、事業戦略の有効性や改善の方向を探る枠組みとなる。

グローバル化で高まる政治リスク

しかし、一方で、バリューチェーンを支えるサプライチェーン

▶ 商社によるバリューチェーン

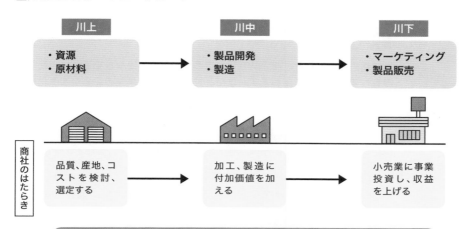

| 川上 | 川中 | 川下 |

- ・資源
- ・原材料

- ・製品開発
- ・製造

- ・マーケティング
- ・製品販売

商社のはたらき

品質、産地、コストを検討、選定する → 加工、製造に付加価値を加える → 小売業に事業投資し、収益を上げる

グループ会社や関連会社を総合的に取り込み、
効率よく収益を得る

▶ サプライチェーンと政治リスク

発生した年	政治リスク
2001年	アメリカ同時多発テロ
2003年	イラク戦争
2011年	シリア内戦
2014年	ロシアのクリミア併合
2015年	パリ同時多発テロ
2016年	イギリスのEU離脱（国民投票）
2017年	北朝鮮による弾道ミサイル発射
2019年	米中貿易摩擦

政治リスクにさらされると、その国・地域で請け負っていた調達や生産などの機能、あるいは日本との間の物流が寸断されてしまうこともある

には、それがグローバルになればなるほど国際的な政治リスクにさらされやすくなります。かつての中東戦争によるオイルショックもそうでしたが、政治的な対立は時としてサプライチェーンに綻びをもたらすことがあります。このリスクについては常に注意をしておくと同時に、回避策を周到に準備しておくことが大切です。

新しいビジネスモデルへの取り組み

Chapter8 07

電力自由化が進むと、総合商社は発電事業や電力小売などを通じて、新しい事業への取り組みを始めます。また、世界でも電力事業の動きが活発化していたことで、とくに途上国の人々の生活に貢献しました。

電力自由化の動きが始まる

　日本国内で1995年に電力事業自由化に向けた号砲が轟き、それまで10社の地域電力会社（東電、関電など）が独占していた発電事業へ他業種の参画が認められることになりました。

　ただし、この時点での解禁は発電をしても販売先は電力会社という卸電力に限定されたもので、電力の一般ユーザー小売は引き続き電力会社の独占になっていました。

各社が電力小売事業に参入

　2000年、電気事業法の改正により電力事業の参入障壁が取り除かれ、発電事業のみならず、電力小売事業にも門戸が開放されることになりました。この流れを受けて商社は国内において新しいビジネスモデルとして発電事業、電力小売事業に取り組むことになります。

　もともと商社は、海外におけるEPC事業などを通して発電事業に関しては相当深い知見を有していました。さらに、米国から発生した電力事業の自由化の波が世界各国に広まり、1990年代には、商社は主に途上国を中心にIPP事業に取り組むようになっていました。これら海外での実績を多数持っている商社が、そのビジネスモデルを国内に持ち込み参画することになったわけです。

高い送電委託費用が課題

　今や風力発電、バイオマス発電などのまさに新規発電事業から、コジェネ発電のような既存工場からの余剰電力の活用による電力供給など、商社のIPP事業はさまざまな形態をとって事業展開がなされています。

IPP事業
Independent Power Producerの略。卸電力事業とも呼ばれ、自らが所有する発電設備で作った電力を電力会社に卸売りする事業のこと。

バイオマス発電
バイオマスを使った発電方法のこと。バイオマスは動植物などから生まれた生物資源のことで、再生可能エネルギーに位置付けられている。

▶ 商社と電力事業

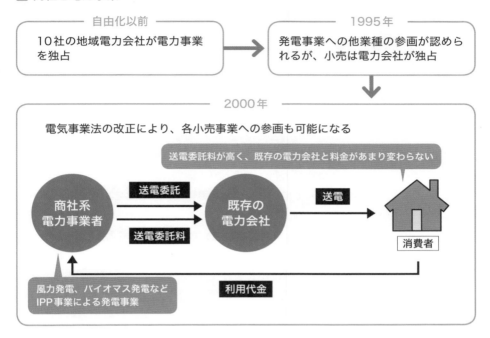

	自由化以前		1995年

自由化以前
10社の地域電力会社が電力事業を独占

1995年
発電事業への他業種の参画が認められるが、小売は電力会社が独占

2000年

電気事業法の改正により、各小売事業への参画も可能になる

送電委託料が高く、既存の電力会社と料金があまり変わらない

商社系電力事業者 → 送電委託 → 既存の電力会社 → 送電 → 消費者

送電委託料

風力発電、バイオマス発電など
IPP事業による発電事業

利用代金

▶ 大手総合商社の電力事業

企業名	電力事業
伊藤忠商事	太陽光発電やバイオマス発電など、再生可能エネルギーによる発電事業
三菱商事	環境負荷の低い電源とデジタル技術を組み合わせた事業
住友商事	自社発電所も5発電所を運営しており、電力自由化の発展に貢献
三井物産	インフラの開発、M&Aなどを通じて、電力事業を支援
丸紅	再生可能エネルギーが4割を占めながら、業界トップクラスの供給量を誇る

　ただ、消費者に電気を届けるには既存の電力会社に送電を委託しなければなりません。自由化され発電コスト削減が実現したにもかかわらず、この送電委託費用が高くつき、電力小売りの自由化が消費者のメリットにつながっていない問題が指摘されています。この点については、活発な議論が交わされており、遅かれ早かれ送電委託料についても厳しいメスが入ることでしょう。

ビジネスを一から作り上げる

新しい産業分野における商社の活躍

商取引事業の継続と新しいビジネスの育成、その両方を大切にしているのが、現在の商社です。いつも広い視野で情報を収集することが、商社の発展において重要な要素になっています。

1985年に民間が通信事業に参入

商社は既存の利益を生み出す体制を維持しながら、新しいビジネスに対して常にアンテナを高く張っているといえます。これまでの商社活動の中で、いかに新ビジネスに取り組んでいったかについて、1つの典型的な事例を振り返ってみましょう。

1985年、日本電信電話公社（電電公社）が民営化されたことを皮切りに、日本ではそれまで電電公社の独占事業であった通信事業にほかの民間事業者が参入できることになりました。

これを受けて、JR各社によって設立された日本テレコムや京セラを中心に設立された第二電電（DDI）が国内通信事業に乗り出し、国際通信網では当時国際電話を独占していたKDDの向こうを張って、国際通信に明るい三菱商事、三井物産、住友商事といった商社が中心になってITJを設立し、国際通信事業に参画しました。

携帯電話の登場で事業再編

これらの会社は、固定系通信を事業対象としていました。しかし、1990年代後半から移動体通信が急成長し始め、衰退期に入った固定系通信事業者は業界再編を迫られました。たとえば商社系のITJは日本テレコムに吸収合併され、日本テレコムが同社の国際通信事業を引き継ぎました。

そうして移動体通信事業（MNO）が日本の通信業界を席捲し始めると、商社は外資系携帯通信事業者と手を組んでこの事業にも参入しました。

しかし、商社が参入した事業の中で成功したといえるのは携帯電話販売事業くらいです。現在4社ある移動体通信事業は、自社

民営化
国や地方公共団体の経営していた企業および特殊法人などが、一般民間企業に改組されたり、民間に売却されたりして、その経営が民間企業に移行すること。民営化の例に日本郵政株式会社がある。

▶ NTT民営化以降の通信事業分野の主な変化

西暦	通信事業の変化
1985年	日本電信電話公社、民営化
	日本テレコム株式会社　設立
	第二電電　設立
1986年	日本国際通信　設立
1997年	日本国際通信と日本テレコムが合併

通信事業に競争原理を導入するねらいで日本電信電話公社の民営化が行われ、1985年にNTTが発足した

しかし、NTTによる市場支配が続いたため、現在も、NTTは市場支配力を弱める規制がかけられている

▶ 通信事業における商社の動き

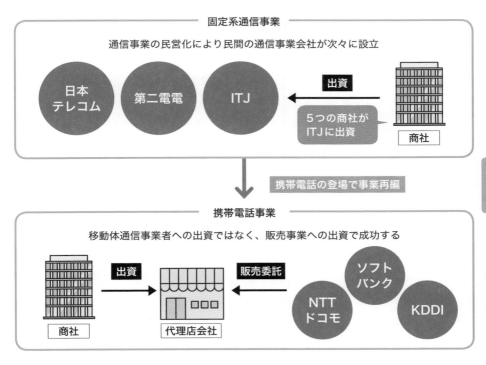

系列の携帯ショップを全国で展開する必要があり、現在でもその多くを商社系の携帯電話販売事業に委託しています。これも新しい事業分野でビジネスを一から作り上げてきた事例といえるでしょう。

発展途上国への経済援助案件

途上国援助において、とくにインフラの整備など大規模な援助を行う場合、商社は積極的に案件に取り組んでいます。建設会社などと役割を分担することで、新しいビジネスチャンスをつかもうと努めています。

発展途上国向けに多大な経済援助をする

日本は発展途上国向けにほかの先進諸国と同様に多大な経済援助をしています。米国が援助額では大きな金額（約3.6兆円）を拠出していますが、日本はドイツ、英国についで第4位の援助国として、ここ数年の実績では、毎年2兆円を上回る額を政府の開発援助資金として予算化しています。

この中には国連やOECDなどの国際機関への資金拠出も含まれますが、金額が大きいのは二国間援助です。この二国間援助は文字通り日本政府が被援助国へ直接援助をする形態を取り、その方式は大きく分けて有償援助と無償援助があります。

大使館職員に代わって情報収集に協力

二国間の援助ですから、どういう案件にどれだけ援助するかについては両国で話し合い、案件を決めていく、政府間のやり取りが必要ですが、日本の在外公館に十分な情報が集まらないケースもあります。そのようなときに商社の駐在員が大使館職員になり替わって相手国政府の援助の希望対象案件などの情報を収集することも実は大事な活動です。

やがて、政府間で援助対象が決められたときに、情報収集に協力していた商社はそれなりにアドバンテージがあるわけで、そういった案件にしっかりと取り組むことがビジネスチャンスにつながっていきます。

とくに有償援助の場合は対象案件がインフラの整備など、大規模な土木や建設工事を伴うケースが多く、金額が張るものの時間がかかるケースが多いのも特徴です。これらの大規模援助案件では日本の総合建設会社（ゼネコン）が元請けとなり、現地建設会

OECD
Organisation for Economic Co-operation and Developmentの略で、経済協力開発機構のこと。日本を含む34カ国の先進諸国で構成され、国際経済全般について協議することを目的としている。

▶ 世界各国のODA実績額

順位	国名	2019年
1	米国	3.6兆円
2	ドイツ	2.8兆円
3	英国	2.0兆円
4	日本	2.0兆円
5	フランス	1.5兆円

※1ドル＝105円　　　　　　出所：外務省

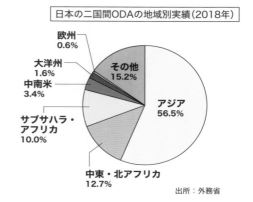

日本の二国間ODAの地域別実績（2018年）

- 欧州 0.6%
- 大洋州 1.6%
- 中南米 3.4%
- サブサハラ・アフリカ 10.0%
- その他 15.2%
- アジア 56.5%
- 中東・北アフリカ 12.7%

出所：外務省

> たとえば、三菱商事は、2015年からはアーンドラ・プラデーシュ州にて、農業指導を行う施設の建設や、灌漑設備の整備など包括的な農村開発支援を行っています

社とJ／Vを組んで入札に参加するケースが多いのですが、商社がこのJ／Vパートナーとして参加することも少なくありません。

海外建設プロジェクト案件に取り組む

　海外建設工事案件では、現地で工事を遂行するための拠点（建設工事事務所）の設営も必要となるため、事務所設置に対する法律問題への対処が必要です。

　さらに、日本からの工事従事者や外国人建設労働者の受け入れ問題の解消、資器材の輸出入に係る諸手続き、外貨規制などの通貨管理規制といった規制のクリアなど、J／Vが現地でスムーズに工事を遂行するに必要なアドミニストレーション業務がたくさんあります。J／Vパートナーとしてこれらの役割を担うことで存在感を示し、海外建設プロジェクト案件において役割とサービスを果たすことが、商社にとって新しいビジネスへの取り組みとなっていきました。

J／V
Joint Venture の略で、建設業における共同企業体のこと。総合的にみて一企業では請け負うことができない大規模な工事や事業を複数の企業が協力して請け負う。

アドミニストレーション業務
スケジュールの調整やミーティングの設定、データ集計や契約書類の手続きなど、総務や人事、経理部門などで行う事務およびサポート業務全般のこと。略してアドミともいう。

Chapter8

10

商社のオーガナイザー機能の真骨頂

入札から、進捗管理まで、案件の全体像を把握し、取りまとめることが求められています。とくに海外でのインフラ整備などにおいては、建設会社と役割分担をして進めていくことが多くあります。

● 優先度が高いインフラ整備案件

経済協力案件
経済協力に関する案件のこと。経済協力とは、経済的諸関係において共通の目的と意志を持つ国家間の調整を意味するが、近年ではとくに発展途上国に対する先進国の経済援助を指す。

経済協力案件で、世界銀行、アジア開発銀行等国際経済協力銀行が支援する案件、あるいは二国間援助でも有償援助である円借款対象案件などは、その援助金額が大きくなるインフラ整備案件が大勢を占めています。どこの国もインフラ整備が国民生活向上の第一歩ということで、上水道整理、道路敷設、鉄道敷設、橋梁整備といった国民生活にとってなくてはならないインフラ整備案件の優先度が高いのは当然のことといえます。

ただ、これらの案件はその実施段階において、現地での工事や資材調達、労働力の確保等現場での作業、業務が非常に多くなります。まさにゼネコンの工事現場を海外で展開するのと同じです。しかし、日本のゼネコンは海外での工事実績も少なく、日本と同じようなわけにはいきませんでした。

● 全体像を把握した上で案件をとり進める

人工
読みは「にんく」。作業量の単位で、1人が1日（あるいは1時間や1カ月など）でできる作業量を1人工で表す。

工事現場事務所の設営に始まり、工事人工の確保、資器材の入手ルートの整備など工事に直接かかわる業務から、工事事務所運営上の法律や規則、規制等についてもさまざまな手続き、対応を取らないといけません。

そこで、ゼネコンは現地情報に詳しい商社とJ／Vを構成し、工程管理や資器材の調達等工事に直接関係する業務を自分たちで賄うこととし、工事事務所運営に必要なアドミといわれる工事進行に必要な諸々の付帯業務を商社に任せることにしました。商社は商社で経済援助案件が多い東南アジアでは、工事事務所開設のプロを育成し、事務所運営全体を取りまとめるパートナーとして機能することが増えてくることになりました。

▶ 海外インフラ整備における商社とゼネコンの共同企業体

商社

・工事事務所の運営
・工事のための手続き
など

ゼネコン

・工程管理
・資器材の調達
など

国家にとって、インフラ整備が生活向上の第一歩であるため、経済援助案件の多い東南アジアにおいてパートナーとして機能している

▶ 大手総合商社と建設プロジェクト

企業名	建設プロジェクト
伊藤忠商事	2018年に開港した、ベトナムにおける初のPPP事業となるラックフェン港に参画
三菱商事	洋上原油生産設備の業界において、傭船・操業・保守サービス事業に、出資参画する契約を締結
住友商事	2014年に、ベルギーの洋上風力発電事業者との戦略パートナーシップの下、北海での案件に事業参画
三井物産	マレーシアで、情報通信技術を駆使し安心、安全、便利で持続可能な街づくりを行っている

インフラ整備のような大型の海外建設プロジェクト案件を通じて、受注からその進捗管理までの全体を取りまとめるプロジェクトのオーガナイザーを担います

このようにして、商社はインフラ整備のような大型の海外建設プロジェクト案件において、入札段階から、受注、契約締結、工事事務所設置、工事開始、その進捗管理、までの全体像を把握した上で、案件を取り進めるプロジェクトのオーガナイザーとして機能し始めるのです。

Chapter8 11

組織としての
リスクマネジメント

幅広い事業との契約や取引を行う商社の仕事には、不祥事もついてきます。
組織を内部から整えることで、風通しをよくし、リスクマネジメントをしよ
うと取り組んでいます。

厄介な問題を含む取引も数多く存在

　商社は多岐にわたる業界との接点、膨大な数の取引先、その結
果として取り扱っている広範囲の商材をベースに、数え切れない
ぐらいの取引を日々展開しています。そのように無数の取引を行
っている中には、実は厄介な問題含みの取引も数多く存在してい
ます。過去、幾度か商社の不正な取引がマスコミに取り上げられ
たこともあります。

たびたび起こる各社の不祥事

　古いところでは、1980年の三菱商事が起こした「数の子買い
占め事件」があります。三菱商事子会社の水産商社である北商が
数の子を買い占め値段の吊り上げを図りましたが、消費者の賢明
な買い控えにあい、北商は巨額の負債を抱えて倒産し、三菱商事
も大打撃を被りました。

　また、1996年、住友商事では国際的な銅取引に絡む社員の簿
外取引が発覚（のちに、住商巨額損失銅事件と呼ばれます）、そ
の結果2600億円の損失が発生しました。

　2000年代に入ると三井物産が国後島に建設予定のディーゼル
発電所の競争入札において、公正な入札を妨害した、という容疑
で逮捕者を出す事態も発生しています。ほかにも三井物産では、
2004年にはディーゼルエンジンの排出スス浄化装置に係るいわ
ゆる「DPF事件」というデータ改ざん事件も発生しました。

　これらの事件を通して共通するのは、内部の人間が引き起こし
た不祥事だということです。巨大な組織に巣食う傲慢さやちょっ
とした気の緩みが結果として引き起こした大事件といえます。

　各社とも引き起こした事件の重大性と反響に鑑み、不祥事防止

簿外取引
オフバランス取引と
も呼ばれ、貸借対照
表（バランスシー
ト）に計上されない
取引のこと。かつて
は企業価値を高める
手法として活用され
たが、現在では取引
の透明性重視の流れ
から減っている。

▶ 大手総合商社の不祥事とコンプライアンスへの取り組み

伊藤忠商事

不祥事

2015年、子会社の伊藤忠ホームファッションで社員が架空在庫などによる不正処理を行っていた。不正処理に伴う損失の総額は43億円に達した

コンプライアンスへの取り組み

各組織にコンプライアンス責任者に設置し、特性に合った施策を実行している。実際に起きた事案を社員に開示し、再発予防に努める

三菱商事

不祥事

1980年、子会社の北商が数の子を買い占め価格を上昇させた。期待通りには売れず北商は巨額の負債により倒産。大きな損失を出した

コンプライアンスへの取り組み

公明正大で品格ある行動を役職員に求め、PDCAサイクルを活用し、コンプライアンスの周知徹底を継続・強化する

住友商事

不祥事

1996年、非鉄金属部長が銅のデリバティブ取引や多額の銀行借り入れを不正に継続し、2600億円の巨額損失を出した

コンプライアンスへの取り組み

トップの熱心な呼びかけで、グループ会社に「コンプライアンス最優先」「即一報」浸透させる。海外地域での取組体制も整えている

三井物産

不祥事

2004年、ディーゼルエンジンの排出スス浄化装置において「DPF事件」というデータ改ざん事件が発生した

コンプライアンスへの取り組み

取締役会監修のもと、定期的に研修などを通じて、全社員に内容の周知と効果の見直しなどを行っている

への体制強化を進めました。それが所謂「コンプライアンス」への取り組みです。組織を内部から清浄化する取り組みともいえるでしょう。コミュニケーションの徹底、透明性の確保、風通しのよい組織作りなど、今もなお継続している取り組みです。そうして、この「コンプライアンス」への組織的な取り組みこそ、商社における内的なリスクマネジメントということができます。

コンプライアンス
企業などが法令や規則を守ること。近年では企業による不正や不祥事が相次ぎ、コンプライアンス体制の強化が図られている。

Chapter8

12

トレード契約ではない契約増加への対応

商社の基本業務である商取引は売買契約によって成り立っており、一見シンプルのように思います。しかし、近頃その契約条件が複雑化している傾向があります。その要因について解説します。

複雑化が進む契約書

商社はその業務範囲の広さから、さまざまな取引先を抱えそのビジネス形態もまた千差万別です。

それに伴い商社のビジネスが多様化し、単なる売買だけにとどまらない複雑な取引関係が出てくると、当然ながらその契約条件もさまざまの事態を想定した条文が追加され、契約書の内容はどんどん複雑になっていきます。

不利にならない契約を作る社内組織

このように契約内容や条件が複雑化しているのは、契約対象が広範囲にわたったり、時間経過とともに状況が変わったりするためです。

たとえば、ビルを建てる契約を交わす場合には、完成したビルの引き渡し条件や価格だけでなく、設計段階での取り決め、建設工事以前の土地の造成に係る諸問題、工事期間中のトラブル、労働問題、追加料金の取決め、対外責任問題、不可抗力など想定されるさまざまな問題を契約書に織り込んでいくことになり、その厚さは図面も入れると数十センチにもなります。

これが国際建設プロジェクトのための契約となると、資器材の輸出入に関する条件の取り決めから始まり（これだけで相当なボリュームになる）、当該国における外国人（＝日本人）の就業に関する取決めなど、国際関係の中で決めておかなければならない条件が多数あります。商社には、国際契約の締結を担当する部署（文書法務部など）があるため、自らが不利にならないような契約条文の作成が可能です。

国際建設プロジェクト

国際的な建設プロジェクトの契約では、FIDIC約款と呼ばれる標準契約フォームをベースに契約書を作成されることが多い。FIDICは、建設に関するコンサルティング・エンジニアの団体で、現在スイスのジュネーブに本部を置いている。

▶ 国際建設プロジェクトにおける契約

┌─────── 契約書の内容 ───────┐

・建設物の引き渡し条件
・価格、追加料金の取決め
・設計段階での取り決め
・土地の造成に係る諸問題
・工事期間中のトラブル
・労働問題
・対外責任問題
・資機材の輸出入に関する条件
・当該国における日本人の就業に関する取り決め
　　　　　　　　　　　　　　　　　　　など

> 国ごとの決まりごとが違うため、
> 複雑かつ多数の契約書が発生する

契約書に記載されていることは当然双方が守らなければならないといった性善説的なロジックが、新興国や途上国では通用しないことがあります。契約相手先とはお互いの信頼関係をしっかりと形成しておくことも大切です

↓

契約書を取りまとめる部署

商社では過去に莫大な量の案件を扱ってあり、文書法務部などの部署がその経験をもとに、不利にならないような契約条文を作成する

📍 お互いの信頼関係をしっかりと形成しておく

　ただし、契約書を締結したとしても安心はできません。法令遵守の意識が低くなりがちな新興国、途上国との契約では契約条件が守られないという事態がよく起こります。

　たとえば、取引先が「契約時から状況が変わったから、契約条件を変えないと取引できない」といってくる取引先もいるのです。こうなると契約書をいくら厳密に規定しても埒があきません。そのような事態も想定して、取引先とは契約書だけでなく、お互いに信頼関係を築いておくことも大切になってきます。

テレビショッピングの舞台裏

テレビショッピングの生放送の悩み

　ケーブルTV、衛星放送などの登場以降、多くの専門チャンネルが現れましたが、その中に、ショッピングの専門チャンネルもありました。365日、24時間すべて商品販売のための番組をオンエアする画期的な事業モデルは米国発のもので、1996年、住友商事は米国「ホームショッピングネットワーク」と手を組み「ジュピターショップチャンネル」を開始、三井物産は2001年に同じく米国「QVC」と提携し「QVCジャパン」をスタートしました。

　24時間放送するテレビショッピングは、現在すべて生放送でオンエアされています。ビビッドな視聴者の反応で売上が大きくアップするといった効果もあり、すべて生放送というやり方が定着したのです。しかし、そこで生放送特有の懸念事項が発生することになります。それは放送事故です。テレビショッピングも地上波の民放やNHKと同じく放送法に縛られます。つまり、放送禁止用語などを話そうものなら、大変なことになってしまうのです。

　また、過激な商品紹介や嘘の商品紹介は景表法という法律に引っ掛かります。いずれの場合も、違反した場合には、最悪、放送停止処分などという極めて厳しい罰則が適用されることもあるので、現場はいつも真剣勝負で番組制作をしています。

物流センターは人手と自動のハイブリッド

　テレビショッピングでは、単一商品が何万個も売れることがよくあります。それを翌日全量出荷する物流センターは人海戦術のるつぼです。

　一方、ネット注文ではその日1つだけ注文が入った、なんてこともあります。これに対応するのが自動倉庫です。何千点もの商品棚から、翌日配送分を取り出し、配送仕分け棚に並べていく作業は、真夜中にピッキングロボットによって黙々と行われていきます。そうなんです。テレビショッピングの物流センターは人海戦術と自動仕分けロボットとのハイブリッドセンターなのです。

第9章
商社が手掛ける
新ビジネス

AIや5Gの登場で多くの事業でデジタル化が進められる中、伊藤忠商事は大手コンビニチェーンのファミリーマートの事業再編に着手しました。各商社がそういった新技術の登場や生活の変化に対し、どのように取り組んでいるのかを紹介します。

社外の人も使える
三井物産新オフィス

デジタル化や産業の変化に対応するために共同スペースの導入に踏み切った
三井物産。風通しのよいオフィスで社員の個性を伸ばし、社内組織の連携を
図っていきます。

三井物産が取り組む職場改革

　大企業の本社といえば、機密情報が集まる会社の中枢であり、情報セキュリティーの関係上、来客スペース以外への社外の人の立ち入りを禁じるのが一般的であるとされていました。

　そんな中、三井物産は、中堅社員らの「社外の人がふらっと立ち寄れるかつての職場環境を取り戻したい」という発想をもとに、2020年6月、本社移転を機に、三井物産の社員同伴を条件として取引先や投資先などの社外の人たちも利用できるオフィスを新本社内に導入しました。

　新本社は地上31階建てで、三井物産は20フロアを使用。そのうち社外の人が利用できる「キャンプ」スペースが、全体の約3割に当たる8フロアという構成になっています。

社外の力を貪欲に取り込む職場

デジタル化
ビジネスにおけるデジタル化とは、単にアナログの書類をデジタルに変換することではなく、IoTやAIを導入し、状況の可視化したり生産効率の向上を図ったりすること。

　近年、ビジネスはデジタル化が進み、複数の産業が絡み合って新しいサービスが生まれる時代になりました。三井物産は、今回の移転を機に、変化に対応するには社外の力を貪欲に取り込み、社員のマインドを刺激し、社内組織の連携も図れる職場にする会社に変革を起こす必要があると考えました。

　また、それに加えて、三井物産の掲げる「強い個」を活かすためには、一人ひとりの社員が自由な働き方で個性を伸ばし、とがった個性同士が化学反応を起こすような多様な働き方を実現する必要があり、その取り組みの1つとして今回、共同スペースの導入に踏み切りました。今後は、各スペースの活用度、部門横断のコラボレーションの進捗の把握に使うなどによって、働き方の進化を模索していくようです。

▶ 三井物産新本社の構造

スタジオ	キャンプ
新本社において、机やイスが並ぶ執務スペースを「スタジオ」と呼ぶ。これまでの着席率から、席数は社員数の7割ほどのみ用意し部長未満は固定席を設けていない	コミュニケーションを兼ねた執務スペースとして設けられた「キャンプ」。「ソーシャル」「コワーク」「フォーカス」「dスペース」の4つのエリアからなる

▶ キャンプスペースの構成

①ソーシャル
数十人規模の交流イベントから2人きりの話し合いまで、家具を動かして自由に調整できるスペース

→ 4フロアあり、すべて社外の人も利用可能

②コワーク
10人弱のプロジェクトチームが情報を共有しながら議論しやすいよう家具などをそろえたスペース

→ 4フロア中3フロアを社外の人も利用可能

③フォーカス
高い仕切りで区切った自習室のような空間を設け、1人で作業をしたり構想を練ったりすることに集中できるスペース

④dスペース
DXの推進担当者が常駐して、課題や悩みを気軽に相談できるスペース

→ 1フロアだけあり、社外の人も利用可能

出所：三井物産ホームページ

東京都千代田区大手町にある三井物産の新本社ビル

社外の力を取り込み、社員一人ひとりのマインドを刺激することで時代の変化に対応し社内組織向上に努めています

Chapter9
02

NTTと組み
DXを進める三菱商事

技術の発展が著しい現在、NTTと三菱商事はバリューチェーンの変革と新たな価値創出のために、共同で新たな事業を始めます。また、デジタル化するバリューチェーンの中で他業界にも展開をしていきます。

2000以上の企業によるDX事業

2019年12月、三菱商事は、対象産業を跨る横断的なICT企業との業務提携としては初の取り組みとなる、NTT（日本電信電話）とDXによる産業バリューチェーンの変革と新たな価値創出を目的とした業務提携を発表しました。

産業
バリューチェーン
産業レベルでのバリューチェーンのこと。メーカーや業界内の企業だけでなく、関連業界まで含めた産業全体における価値の連鎖を指す。

両社は、強みである産業知見とICT技術でお互いに補完し、DX促進に向けた情報システムを一貫して提供できる「産業DXプラットフォーム」を構築し、産業のデジタル化を推進することを目標として掲げています。

それに伴って、三菱商事の国内外約1500社におよぶ事業投資先や10の営業グループの事業経営力、さらにはNTTグループの国内外900を超えるグループ会社のそれぞれの強みを活かし合いながら、国内外のスタートアップや各産業の企業とも広くオープンに連携することとなりました。

スタートアップ
新しいビジネスモデルで急成長を目指す、市場開拓の段階にある企業のこと。創業から3年までの企業を指すことが多い。

業務プロセスや物流の最適化

また、三菱商事は、長年事業を手掛けた食品流通分野と産業素材流通分野を対象に新たな事業に着手する予定です。食品流通各社と連携し、食品小売・メーカー・卸間で分断されている情報や業務プロセスの統合を図ることは、商品情報の共有化需要予測によって在庫の管理を最適化し、業務プロセスの効率アップや物流の最適化に貢献します。

そして、三菱商事とNTTは、これらの取り組みにおける対象分野を順次拡大し、数千億円規模の事業を創造していく予定と発表しています。バリューチェーンをデジタル化していく中で得た成果をさまざまな業界にも展開していくことを目指しています。

▶ DXによる食品流通の変革

現在の課題

供給網全体で無駄な在庫が積み上がってしまっている

食品メーカー	食品卸業者	小売	配送業者
欠品が怖いので多めに作る	小売からの注文に備えて多めに仕入れる	売れ行きがわからないため多めに仕入れる	ドライバーが不足しているが配送しなければいけない

   配送時間

三菱商事の狙い

AI技術導入

商流全体からデータを収集する

・あらゆる商流データをひとつのシステムで分析する
・過剰在庫や欠品を出さない生産量や仕入れ量を予測する

需要予測システムの開発を進めるために……

業務提携

NTT　三菱商事

将来

構築したシステムの外販を計画

・食品ロスなど業界全体の無駄をなくす
・企業グループの枠を超えた共同配送にも活用する

出所：日本経済新聞の図をもとに作成

スタンプ式めっき処理装置の販売事業を展開する兼松

長年にわたり精通している電子業界のネットワークを活かし、トヨタの新製品の販売サポートなどを行う兼松。広く一般向けに販売し、環境負荷の低減などに貢献するために普及につなげていきます。

トヨタ自動車が開発した新技術

　専門商社の兼松は、トヨタ自動車が開発した新技術を採用するミカドテクノス製「スタンプ式めっき処理装置」のモニター販売を2020年7月より開始しました。

　この装置は、ミカドテクノスがトヨタ保有の特許とノウハウの供与を受け、独自の真空プレス技術を織り込んで製作したもので、電子部品などの製造過程において、金属イオンを優先的に通す高分子膜（固体電解質膜）を使い、必要な部位にのみスタンプを押すようにめっき処理を行うことのできる画期的なものです。

　従来のめっき処理は、銅やニッケルなどの金属溶液に基盤をつけ込み、そこに電気を流して、膜を作るというものです。処理の前後に基盤を洗浄する必要があるため、基盤がつかる大きさの水槽がいくつも必要になります。さらに、その廃液の処理も加わるため、スペース的にも工程的にも大掛かりな処理設備でした。

環境負荷の大幅な低減を実現

　スタンプ式めっきは、従来式のめっき液槽より時間が短縮でき、工程もコンパクト化されます。それだけでなく、排出される廃液量は約30分の1に、二酸化炭素は約3分の1に大幅に削減することが可能となり、環境負荷の大幅な低減に寄与します。

　これに伴い、兼松は、長年にわたり精通している電子業界のノウハウやネットワークを活かし、装置の販売や固体電解質膜の推奨、めっき薬液などの供給をサポートする事業を展開しています。そして、2023〜2024年ごろから実用装置として広く一般向けに販売し、環境負荷の低減などに貢献するために普及につなげていくということです。

環境負荷
環境に与えるマイナスの影響のこと。環境負荷を与える要因としては、公害や戦争など人的に発生するものと、気象や地震など自然的に発生するものがある。

▶ 「スタンプ式めっき処理装置」販売までの流れ

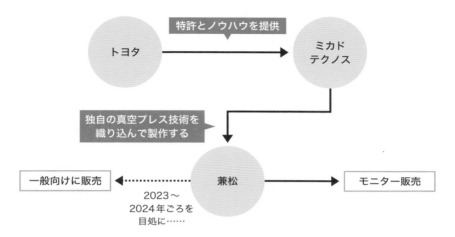

▶ スタンプ式めっき処理装置の先端ヘッドの構造

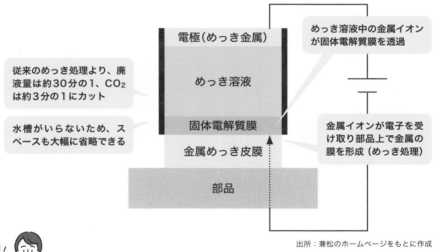

出所：兼松のホームページをもとに作成

必要な部位にのみ、スタンプを押すようにめっき処理を行うことができるようになります

Chapter9
04

地域商社ふじのくに物産の地域プラットフォーム事業

地域成長のための事業として、地域商社が地方銀行と資本業務提携を結んだ。両社の持つ強みを活かしながら、地域資源を活用した新事業の創出などに今後も取り組んでいきます。

地域商社の機動力とネットワークを活かす

2020年2月、地域における事業と担い手をセットでプロデュースする地域商社「ふじのくに物産」と静岡銀行は、地域商社を始めとする地域の将来の成長に向けた事業への取り組みを目的として、資本業務提携を結んだと発表しました。

静岡銀行は、ふじのくに物産の株式5％（株式総数1000株のうち、50株）を取得し、本県特産の農林水産物や観光資源などを活用して新事業創出や社会課題の解決を図る「地域プラットフォーム事業」に乗り出しました。

事業内容は主に、ふじのくに物産の市場ニーズの急速な変化に対応できるベンチャーの機動力と、同行の顧客ネットワーク（組織力）を活かして、地方創生につながる地元特産品のブランド化やマーケティング、販路開拓、観光振興、若手人材の育成などといった新ビジネスモデル構築への取り組みです。

また、それに加えて、起業家など新たな事業展開を目指す地域の人材が集う「イノベーション拠点」の整備も目指します。

落ち込む地域経済の活性化を狙う

同年6月には、2社に静岡新聞社も加わり、「SHIZUOKA360°」という持続可能な地域社会を目指すための協議会を設立。新型コロナウイルスよって落ち込む地域経済の活性化を目的として、農林水産物のマーケット拡大や人材マッチング、静岡県の魅力発信に取り組みます。

地方銀行と地方新聞を地域商社がつなぐことで、そのマーケティング力を活かした、より地域の需要に沿った金融事業や情報発信を展開できるといえます。

地域商社
農産物など地域の資源をブランド化し、生産や加工から販売まで一貫してプロデュースを行う企業のこと。地域内外への販売を促進する。

顧客ネットワーク
顧客情報や顧客とのコネクションのこと。地域銀行は特定の地域に多くの顧客を抱えるため、深いコネクションを築きやすい。

▶ 地域プラットフォーム事業のしくみ

地域プラットフォーム事業とは

地域特産の農林水産物や観光資源などを活用して新事業創出や
社会課題の解決を図る事業のことを指す

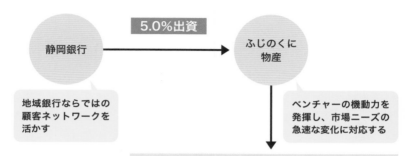

5.0%出資

静岡銀行 ━━▶ ふじのくに物産

地域銀行ならではの
顧客ネットワークを
活かす

ベンチャーの機動力を
発揮し、市場ニーズの
急速な変化に対応する

地域商社事業
・地元特産品のブランド化やマーケティング、販路開拓
・観光振興
・若手人材の育成

など

課題解決・
サービス提供

ニーズ

地域事業者・住民

静岡県の名産のお茶畑

出所：静岡新聞の図をもとに作成

今後は、両社の強みを活かしながら、地域の将来の成長に向
けた事業を企画・実施していく方針が定まっているようです

伊藤忠商事の
ファミリーマート改革

全国各地に店舗があり、消費者の行動を変えることができるというコンビニ。伊藤忠は、コンビニの事業モデルを抜本的に改革し、ファミマを軸に事業再編を見据えています。

脱コンビニに向けた事業再編

2020年7月、総合商社の伊藤忠商事は、グループ内のコンビニ大手「ファミリーマート」を完全子会社化すると発表し、コンビニエンスストアのビジネスモデルが転換期を迎えました。

伊藤忠商事は、飽和状態のコンビニ店舗や規模拡大によって売上や利益を積み増してきた従来のビジネスモデルの限界や新型コロナウイルスによる消費縮小に対応するため、取引先の販路拡大に加え、AIを活用した業務効率化、顧客データの活用、実店舗とデジタルの融合による新ビジネスの構築などに着手する予定です。つまり、伊藤忠の狙いは、ファミマを「脱コンビニに向けた事業再編プラットフォーム」にすることにあるのです。

さまざまなデジタル技術を追加することで、インターネット通販事業や、金融サービスなどを大幅に強化することで、新しいコンビニ事業に発展させ一体化経営を進める考えです。また、今回の子会社に伴い伊藤忠商事は、JAグループと提携してファミマの新商品を開発するなど、地域に根差した店舗運営を企画しています。これによってアマゾンなどの、全国どこでも同一の商品を提供できるECに対し、地域の特性を付加価値に転換することで差別化の可能性を見出しました。

「戦略パートナー」を引き入れる

全国各地に店舗があり、消費者の行動を変えることができるのがコンビニの利点です。伊藤忠商事はそれをうまく利用しながら、成長性に陰りが見え始めたコンビニの事業モデルを抜本的に改革し、その先はファミマを軸にした事業再編を見据えているということがわかります。

完全子会社化
一般的に、親会社が子会社の株式を100％買い取ること。

JAグループと提携
伊藤忠商事はファミリーマートを完全子会社化したのち、JAと農中に4.9％の株を売却した。

EC
Electronic Commerce siteの略で、インターネット上で商品を販売するWebサイトのこと。日本ではAmazonや楽天市場などが代表例として挙がる。

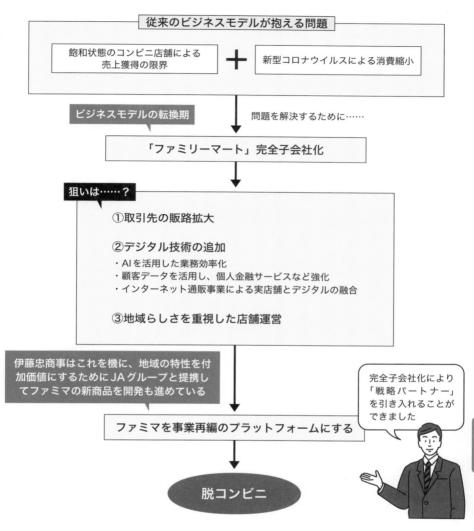

また、JAグループや農中という伊藤忠以外の出資者がいることで、改革期にあるコンビニ事業に関心を持つ新たなパートナーの出資を迎え入れやすくなります。つまり、今回の子会社化は伊藤忠商事によるファミマの完全子会社化ではなく、JAグループや農中という「戦略パートナーの引き入れ」という理解が正しいかもしれません。

先見性と柔軟性が発揮される

次世代通信5Gに対応する商社

各商社が注目する次世代通信の5Gですが、5Gによってどんなことが変わるのでしょうか。5G技術がもたらすIoT技術の進歩によって起こるマーケットの変化を解説します。

5Gを活用による既存事業の効率化

5G
5th Generarionの略で、第5世代移動通信システムのこと。従来の4Gの20倍の通信速度を誇るといわれている。

　商社が次世代通信である5Gに注目している理由は何でしょうか。それは、5Gを活用することで、既存事業の大幅なコスト削減や効率化が見込める上、その技術をシステム化やパッケージ化することで、1つの強力なソフト商材になりうると見ているからです。

　では、5Gはそんなに優れた魔法の杖なのでしょうか。

　まさか、魔法の杖に期待をしてビジネスをやるほど商社も呑気ではないでしょう。商社が期待しているのは、5G技術がもたらすIoT技術の大きな進歩です。IoTは、機械などが相互にデータのやり取りをして自律的に故障を見つけたり、耐用時間を事前に把握、通知したり、と主に工場設備の効率的な稼働に有用であるところに注目されています。また、自動車などは走行中にさまざまなデータのやり取りを通して、信頼性の高い自動運転の実現に自動車メーカーは精力的に取り組んでいます。

SIer
SIはSystem Integrationの頭文字。これに「～する人」という意味のerをつけたものであり、SIを事業内容とする企業を指す。SIとはコンピュータやソフトウェア、ネットワークなどを組み合わせて社会に不可欠なあらゆるしくみを作ること。

新しいマーケットへの布石を打つ

　これらの取り組みが5Gになると、その特性から、IoTの長足の進歩が見込めます。そうなると、既存ビジネスで取引のあるメーカーなどへIoT技術を踏まえた効率化やコストダウンの提案ができ新たなビジネスが取り込めるわけです。

プラットフォーム企業
複数のグループのニーズを仲介することによってグループ間の相互作用を喚起し、その市場経済圏をつくる産業基盤型のビジネスを展開する企業のこと。

　そこで、商社各社は5Gに必要な技術や半導体などを開発しているベンチャー企業への投資を積極的に進めています。さらに、前述したシステム化やパッケージ化についても、SIerやプラットフォーム企業との提携まで進めています。これら一連の動きについては、新しいマーケットが大きく拓かれることを予見しつつ、

▶ 商社による市場創造

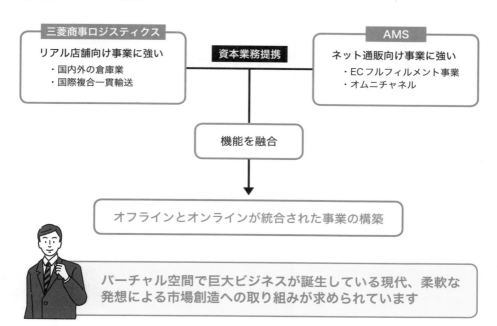

三菱商事ロジスティクス		AMS
リアル店舗向け事業に強い ・国内外の倉庫業 ・国際複合一貫輸送	資本業務提携	**ネット通販向け事業に強い** ・ECフルフィルメント事業 ・オムニチャネル

機能を融合

オフラインとオンラインが統合された事業の構築

バーチャル空間で巨大ビジネスが誕生している現代、柔軟な発想による市場創造への取り組みが求められています

必要な布石を着々と打っているといえるでしょう。商社の先見性と柔軟性が発揮される局面になるかもしれません。

● 「モノ」から「コト」への発想の変換

21世紀に入り、ビジネスの在り方が変質し始めてきた中で、商社の市場開拓もその本質が変わってきています。インターネットを活用したe-ビジネスのように、いきなりバーチャル空間で巨大なビジネスが誕生することが現実に起こっている現在、市場開拓、というよりは市場創造といった取り組みが要求されるようになってきています。とりわけ、昔は「モノ」の販路を開拓することが市場開拓でした。しかし、昨今、もちろん「モノ」はなくなりませんが、「コト」というべき、サービスの提供へのニーズが急激に大きくなってきています。

「コト」市場の開拓がこれからの商社には非常に重要になってくることが予想されます。5Gへの積極的な取り組みがどのように奏功するか、DXへの取り組みと合わせて期待が高まります。

5G今昔物語

あのビルにアンテナを設置できないか……

今でこそ日本全国どこでもスマホで情報のやり取りができますが、このインフラが仕上がるまでの黎明期、商社も実は結構裏方の仕事をしてきたのです。

インフラを持った通信事業者といえば、NTTドコモ、KDDI、ソフトバンクおよび楽天ですが、通信事業の自由化初期において、日本に参入してくる外資系事業者は、商社とこぞって手を組みました（202ページ参照）。その際のもっとも大きな課題は、基地局網の整備でした。そして、これらの基地局展開で縁の下の力持ちとして動いたのが、商社からの出向者だったのです。

基地局の設置には、何よりも設置する場所を確保することが非常に重要です。電波の届きやすい、高い場所にアンテナを設置できればしめたものです。

基地局の設置業務を担当していた商社からの出向者たちは、毎日、地図とにらみ合いながら、これぞとビルを探し当てるとビルの所有者にアンテナ設置の交渉をします。すでにドコモなどの既存大手事業者に場所を提供しているビルも多く、そう簡単に場所が確保できるわけではありません。地図を見ていても埒が開かないときは、街中に出て、あのビルがいい、このビルはどうだろう、と上ばかりを見ながら歩いて、あわや交通事故に会いそうになった出向者もいました。

基地局設置の交渉がまとまると今度は設置工事に入ります。それぞれの機材メーカーから工事工程に合わせて納品させるという「JIT（ジャストインタイム）」の手法を真似て工事の効率を上げるなどの手段もとっていました。全国に何万とある基地局のうち一部はこうして商社の手で設置されたのです。外資系事業者はその後撤退し、商社も出資から手を引き、結局3事業者（当時）に統合されてしまいました。

それでも、商社が手掛けた基地局は、今後も5G電波の送受信基地として立派に機能し続けていくことでしょう。

商社業界の行方

近年、世界中でサステナビリティ（持続可能性）がよくうたわれています。経済環境が時々刻々と変化し、次に何が起こるかわからない状況の中、商社も地道に粘り強くビジネスを展開しながら、生き残る道を模索しています。

モノを売るための機能を売り込む時代に

今後商社に求められる機能

近年、付加価値としての「機能」を組み込んだ価値提供が必要となっている商社。今後は新たな価値創出のために、さらなる人材育成に注力することが欠かせません。

さらなる横の連携強化が必要

近年は、単純なモノの売り買いだけで取引が完結せず、高い付加価値をつけた「機能」も提供していくことが必要です。つまり、モノだけでなく機能も売る時代ということです。

総合商社の機能は大きく2つ存在します。1つ目は「製品にさまざまな便益を乗せて売る」というもので、2つ目は「企画・事業化機能」です。

それに加えて、今後は新技術の急速な進化やニーズの多様化に伴って激変する環境の中でビジネスの確実性を向上させるため、総合商社としての「全社的なアプローチ」が求められています。たとえば、スマートシティや電気自動車・自動運転技術を始めとする自動車事業など、新しい技術と発想が必要なビジネスは、部門間で協力しながら社内横断的に取り組まなくてはなりません。さらなる横の連携強化が必要になってきています。

中国に代わる市場の開拓

また、資源価格が下落して以降、いかに非資源で利益を出すかも各社にとって大事なテーマとなっており、非資源ビジネスへの注力度合いを高めています。そこで考えなくてはならないのが市場開拓です。近年、多くの企業が中国に進出しましたが、短期で撤退を迫られるケースも少なくありませんでした。伊藤忠のように中国に強い商社もありますが、新ビジネスの展開のため、中国に代わる市場の開拓が求められています。

そして、それらの複雑化するビジネスを推し進めるために必要なのが、事業経営ができる人材です。これまで以上に、各社とも経営人材の育成に注力することでしょう。

スマートシティ
IoTの先端技術を用いてインフラやサービスを効率的に管理、運営し、環境に配慮しながら、人々の生活の質を高め、継続的な経済発展を目的とした都市のこと。

中国に強い商社
伊藤忠は1972年に当時の社長らが訪中し、日中国交正常化の半年前に日中貿易再開の批准（約束）を取得して以来、中国との信頼関係を築いている。

▶ 商社によるスマートシティの開発

三菱商事はインドネシアでの都市開発事業へ参画することを決めた

三菱商事	**シンガポール政府系投資会社** Surbana Jurong	**インドネシアの不動産会社** Sinar Mas Land
・あらゆる産業にアクセスできる総合力 ・世界各地で培ってきた不動産開発の知見	・都市開発における専門性	・インドネシア国内における不動産事業の実績

3社が協力して、より便利で安全・安心な街づくりを推進し、社会課題となっている渋滞の緩和対策を進めていく

▶ 中国市場から新市場へ

社会情勢の変化により、中国から東南アジアなどの国々への市場の変化が求められている

背景
・新型コロナウイルスの流行
・地政学リスクの高まり
・人件費の高騰

→

新市場
・ベトナム
・ミャンマー
・タイ
など東南アジアの国々

東南アジアのメリット
・6億人を超える人口
・若年層が多い
・比較的安価な人件費
・消費地としての成長

ベトナム

ミャンマー

商社は、マーケットを確保するとともに、長期的な視点で現地ビジネスをリードできる人材の育成を図っていくことが求められています

商社を取り巻く
業界のM＆A動向

利益の最大化と激しい競争を勝ち抜くため、商社業界では事業拡大や新規顧客の獲得などがM＆Aによって行われています。一方で、M＆Aへの正しい理解やモラルを持ったプレイヤーの増加が、今後必要となるでしょう。

事業投資としてのM＆Aが増える

M＆A
企業の合併や買収のこと。後継者問題の解決や経営再建、新規事業の会社の成長戦略などを目的として行われる。

商社業界では、事業拡大や新規顧客の獲得、ブランド力活用のためにM＆Aが活発に行われています。また、バリューチェーン構築のための事業投資も多く行われており、利益を最大化し、激しい競争に勝つためのM＆Aが増えてきているのです。

たとえば、2019年10月、伊藤忠商事株式会社は来店型保険ショップ事業を展開する「ほけんの窓口グループ」の発行済株式を追加取得しました。これにより、ほけんの窓口は伊藤忠商事の連結子会社となり、新たなサービスの創出とさらなる事業成長が期待されています。

2019年に初めて4000件を超える

マールオンラインの調査によると、日本のM＆Aの件数は、リーマンショック以降減少傾向にありましたが、2019年に初めて4000件を超えるなど、近年は増加傾向にあります。

また、これと呼応するように、M＆Aに関連する法、会計、税務の整備も進められてきました。しかし、M＆A成約件数の多くは首都圏を中心とした大都市圏に集中しています。M＆Aのニーズとその有効性は、事業規模の大小、業種、地域に依存することは本来ないはずですが、未だ大企業の活用が中心です。

M＆Aに対する正しい理解が求められる

これは、M＆Aを戦略的に活用できる側である中小零細企業の、M＆Aに対する正しい理解が進んでいないことが原因として考えられます。また、中小零細企業のM＆Aを扱うプレイヤーや、首都圏、大都市圏以外の地域におけるM＆Aプレイヤーの絶対

▶ M＆Aにおける事業成長

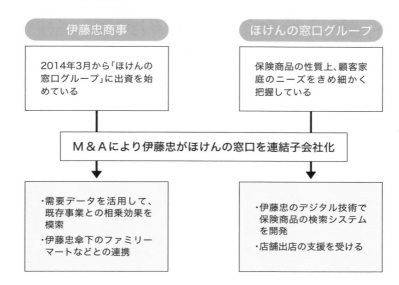

伊藤忠商事

2014年3月から「ほけんの窓口グループ」に出資を始めている

ほけんの窓口グループ

保険商品の性質上、顧客家庭のニーズをきめ細かく把握している

M＆Aにより伊藤忠がほけんの窓口を連結子会社化

・需要データを活用して、既存事業との相乗効果を模索
・伊藤忠傘下のファミリーマートなどとの連携

・伊藤忠のデジタル技術で保険商品の検索システムを開発
・店舗出店の支援を受ける

▶ 増加する日本企業のM＆A件数

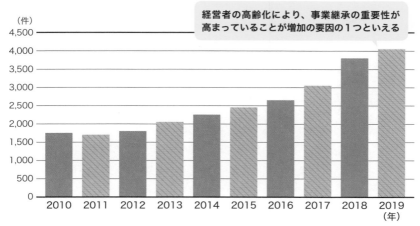

経営者の高齢化により、事業継承の重要性が高まっていることが増加の要因の1つといえる

（件）

出所：マールオンライン

数が足りていないという問題もあります。

　今後は、M＆Aが戦略的に有効な選択肢となりうるすべての企業、団体への正しいM＆Aへの理解の促進と一定レベルの知識、モラルを会得した**M＆Aアドバイザー**を創出していくことが、日本におけるM＆Aの普及に必要でしょう。

M＆Aアドバイザー
M＆Aに関する一連のアドバイスと契約成立までのまとめ役を担うM＆Aの専門家のこと。

Chapter10
03

サステナビリティの実現

持続可能な社会の実現に向けて、世界で存在感を有している商社の果たすべき役割はとても重要です。限りある自然環境の中で、将来世代にしわ寄せをしない経済活動をしていく必要があるのです。

持続可能な国際社会の実現に向けた目標

ISO
International Organization for Standardizationの略で、電気・通信及び電子技術分野を除く全産業分野に関する国際規格を作成する国際標準化機関のこと。

SDGs
Sustainable Development Goalsの略で、持続可能な開発目標のこと。2015年の国連総会において、「貧困をなくそう」「質の高い教育をみんなに」など17の目標が掲げられた。

ESG投資
Environment（環境）、Social（社会）、Governance（企業統治）の頭文字をとったもので、企業の将来性や持続性などを評価して行う投資のこと。

2010年にISOにより制定された「ISO26000」では、社会と係わるあらゆる組織の社会的責任を規定し、これに準拠する組織文化の醸成や組織活動の方向性を示しました。その後、2015年に国連総会において「SDGs」が採択され、持続可能な国際社会の実現のために、すべての個人、組織、法人、共同体が目標に向けた貢献をすることが求められるようになりました。

さらに、同年COP21で宣言された「パリ協定」においてCO2の削減の具体的目標が定められ、環境への配慮がない企業に対する国際世界の風当たりも極めて厳しいものになりました。

このころから、世界の投資家の間で「ESG投資」が叫ばれるようになりました。投資家の投資基準に、企業活動が地球環境への配慮がなされているか、公正な社会の実現などへ積極的な貢献をしているか、そしてそれらを推進するための企業統治がキチンと行われているかの尺度が加わりました。これらの度合いが低い企業は、世界の投資家から資金を引き揚げられてしまうことになりかねません。また、消費者離れが進み、ブランド製品の売れ行きが激減する、といった事態もあり得ます。

つまり、企業はSDGsを前提にした事業活動に軸足を置いていかないと、その存続すら危うくなる可能性もあるわけです。

日本貿易会が商社行動基準を改定

さて、商社はこれらの世界的な動きをどのように捉えているでしょうか。日本貿易会は、2018年3月に国際社会における持続可能な社会の実現に向けた企業の活動への期待と要求の高まりを受け、「商社行動基準」を改定し、業界として周知を図りました。

▶ ISO26000が定める社会責任

ISO26000とは……

ISOは電気・通信及び電子技術分野を除く全産業分野に関する国際規格を作成する国際標準化機関のこと。26000は国際標準化機構の規格を示す番号であり、社会的責任を意味する。ISO26000は社会的責任を組織文化に取り入れていくための「ガイダンス規格」と定義されている

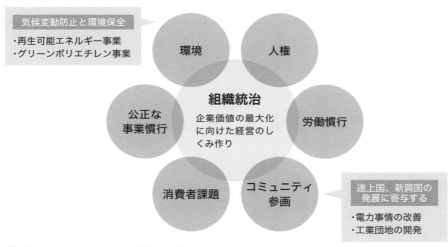

気候変動防止と環境保全
・再生可能エネルギー事業
・グリーンポリエチレン事業

環境　人権

組織統治
企業価値の最大化に向けた経営のしくみ作り

公正な事業慣行　労働慣行

消費者課題　コミュニティ参画

途上国、新興国の発展に寄与する
・電力事情の改善
・工業団地の開発

▶ 商社の在り方を示す商社行動基準

商社行動基準とは……

1973年に制定され、ISO26000やSDGsなどの採択をうけて2018年に改定された商社の在り方を示した基準

内容
・商社はその社会的責任を自覚し、長期的視点に立った企業活動を通じて、持続可能な社会の実現に努める
・国際規範や社会通念を遵守し、透明性のある経営を行いながら、市民生活や企業経営のあらゆる脅威に対する危機管理を徹底する
・従業員の多様性、人格、個性を尊重し、その能力と独創性が発揮される企業風土の醸成に努める

　持続可能な社会の実現に向けて、世界の中で、また産業界で高い存在感を有する商社の活動は非常に影響力があります。自らの事業投資においてESG投資の視点はあるか、**CSR活動**が小手先の運動になっていないかなど、商社自らの行動を今一度振り返り、サステナブルな事業活動をしているかを検証することも大切な取り組みといえるでしょう。

CSR活動
Corporate Social Responsibilityの略で、企業の社会的責任のこと。消費者や取引先、自治体、環境などのステークホルダー（利害関係者）に配慮しながら事業活動を行なうことで、環境への取り組みなども含まれる。

Chapter10 04

丸紅の ビジネスプランコンテスト

丸紅では、デジタルに特化したサポート組織や、イノベーションを創出する環境整備などが行われています。人材、仕掛け、時間という3つのポイントを重視して、社内の雰囲気を変化させ会社のさらなる発展を目指しています。

自己変革のため新事業への投資を開始

　各商社で新しいビジネスへの取り組みが行われていますが、中でもユニークな取り組みをしているのが丸紅です。

　丸紅は、近年「既存の枠組みを超える」というスローガンを掲げ、自己変革のため新事業への投資を開始しました。その第一歩として、始めにデジタルに集中して営業活動をサポートしていくことを目的とする組織である「IoT・ビッグデータ戦略室」を新設。その後、「デジタル・イノベーション部」という部を作り、2019年4月には「次世代事業開発本部」が設置され本格的に変革に乗り切りました。

　その変革施策において丸紅が重視したのが、人材、仕掛け、時間という3つのポイントです。

自己変革
自己の現状に甘んじず、その在り方や考え方を絶えず更新していくことで進化や成長を目指すこと。ビジネス文脈においては、人だけでなく組織やグループに対しても用いられる。

ビジコンで新しい事業企画を募集

　「仕掛け」のひとつとして行われた「ビジネスプランコンテスト（ビジコン）」は、社外からも大きな反響がありました。これは、自分の担当ビジネスに関わらずアイデアをビジネス化したいという思いを実現させるための丸紅の新しい取り組みです。

　本社だけでなく、国内外の丸紅グループ全社員を対象に新しい事業企画を募集し、160に及ぶアイデアの中から選出された12組のファイナリストが社外専門家などの投票による審査を経て、最終的に4組のグループに事業化へのテストマーケティングの環境や研究開発費用が支援されます。

　2020年4月には、このビジコンで選出された1つがビジネスとして展開されました。事業内容は「デジタル母子手帳サービス」で、マーケットはインドネシアです。スマートフォンアプリを通

**テスト
マーケティング**
新製品発売の際にリスクを軽減するため、地域や機関などを限定してその製品を試験販売し、消費者の反応を実験すること。

▶ インドネシアのデジタル母子健康手帳サービス

ダイアリーブンダ
「**DiaryBunda**」

約31%が発育不良の問題を抱えている

↓

出産や育児に関する保護者の
知識レベルの向上が求められる

出所：App Store

▶ インドネシアのスマートフォン普及率

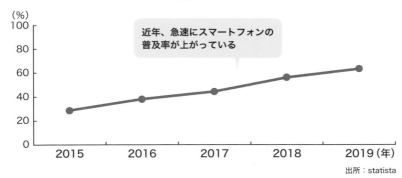

近年、急速にスマートフォンの
普及率が上がっている

出所：statista

▶ ビジネスプランコンテスト

2018年度から新たに始まったビジネスプランコンテスト。丸紅グループの社員が新規ビジネスアイデアを応募することができる

・書類選考
・インタビュー
などの選考

→ コンテスト通過 →

次年度以降、
事業化に挑戦できる

じて、妊娠から幼児期において、情報提供や発育記録を行うサービスで、この事業のための子会社も設立されました。きっかけは語学研修でインドネシアを訪れた際に、母子手帳が普及していなかったことだといいます。

　社内の風通しをよくし、新たな発見を生み出せるビジコンは、画期的な取り組みといえるでしょう。

Chapter10
05

デジタル技術と
新たな付加価値の提供

デジタル技術を活用し、作業を自動化していくことで蓄積されるデータ。それを活用して新たな付加価値を提供しようとする動きが、商社業界でも盛んになっています。

新テクノロジーで新たなビジネス

総合商社は近年、世界各地でさまざまな事業を展開するために培ってきた膨大なノウハウや資金力をもとに、新しいテクノロジーを活用してビジネスに取り入れています。

それに伴い、デジタル技術を有するベンチャー企業への投資や、他社との連携なども進み、総合商社では新たなビジネスも立ち上がり始めています。

たとえば、業界トップの三菱商事の取り組みです。同社は、アメリカでデータセンター（DC）事業を展開する「デジタルリアリティトラスト」と提携。データ送受信の飛躍的な伸長を見越し、データセンター事業を開始すると発表しました。そして、データセンターとしては国内最大規模となる2000億円を超える投資を行い、2022年までに国内に約10カ所のデータセンターを新設する見込みです。

データセンター
顧客のサーバー機などのIT機器を設置、収容するための場所のこと。近年では災害対策などでその需要が高まっている。

蓄積されるデータを新たな付加価値に

また、伊藤忠商事ではAIを活用したリテール店舗内解析ツールSaaSを提供する「ABEJA（アベジャ）」と業務提携を行い、店舗内解析事業に参入しています。

同様に、デジタル技術を活用することでアナログなオペレーションを自動化・半自動化し、蓄積されるデータを活用して新たな付加価値を提供するプレイヤーも続々と登場しています。

このように、AIやIoTを導入するだけでなく、事業として展開させるDXを推進する流れは、もはや産業において不可逆なトレンドです。ビジネスモデルの変革が確かに行われていることがわかります。

▶ 三菱商事のデータセンター事業

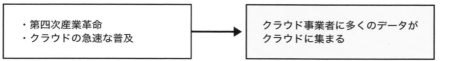

| ・第四次産業革命
・クラウドの急速な普及 | → | クラウド事業者に多くのデータが
クラウドに集まる |

➡ クラウド事業者に大容量DCを提供できる独立系DC事業を行う

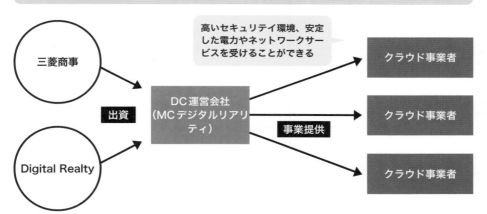

三菱商事 ・ Digital Realty ── 出資 ── DC運営会社（MCデジタルリアリティ） ── 事業提供 ── クラウド事業者

高いセキュリテイ環境、安定した電力やネットワークサービスを受けることができる

▶ 伊藤忠商事によるデータを用いた新たな付加価値

伊藤忠商事はリテール店舗内解析ツールを提供する株式会社ABEJAと資本業務提携を行っている

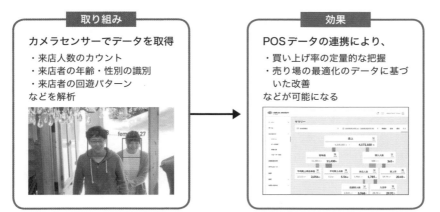

取り組み

カメラセンサーでデータを取得
・来店人数のカウント
・来店者の年齢・性別の識別
・来店者の回遊パターン
などを解析

効果

POSデータの連携により、
・買い上げ率の定量的な把握
・売り場の最適化のデータに基づいた改善
などが可能になる

Chapter10
06
商社の
リスクマネジメントの行方

商社は、多彩な事業と豊富な商品を取り扱っています。幅広い分、徹底した
リスク管理業務が必要不可欠です。とくに自然災害や社会不安に注目し対策
しています。

もっとも大切なリスクマネジメント

　商社にとって、ビジネスに係るリスクは極力ミニマイズすることが大切であり、ビジネスを始めるときもその途中においても、絶えずその**プロセス**を検証することが肝要です。そのため、商社はリスクを分析するツールを編み出し、リスクを数量化し、リスクと収益性のバランスの中でリスクを取るか取らないかを判断してきました。

　表向き派手な商社のビジネスで、実はもっとも大切な機能はリスクマネジメントである、とも説明しました。しかも、このリスクマネジメントは組織としての判断であることがベースです。

資源ビジネスにおけるリスク判断

　一方、最近の商社の事業内容は商取引から、事業投資に伴う企業買収や事業経営にウエイトがシフトしており、さらに、それぞれの事業投資が巨額なものになってきている状況で、リスクの総量は大きく膨らむ傾向にあります。そんな中で大きく投資した事業が、世界経済の大きなうねりの中で巨額の損失を招いたのが、資源ビジネスでした。

　この背景は24ページでも説明しましたが、大きく踏み込んで事業経営レベルまで資源会社への投資を増大させた初期のころは、中国がけん引する世界経済の好調さと資源需要の増大とが相まって、それこそ「夏の時代」を謳歌することができました。

　しかし、これは長くは続かず、国際的な資源市況の急激な下落に伴い、商社各社は資源投資の再評価の結果膨大な減損処理をせざるを得ない状況に陥ったのでした。

　では、このときのリスク判断はどうだったのでしょうか。各社

プロセス
仕事を進める方法や手順。またはある物事が完了するまでの過程のこと。

▶ 事業投資のリスクマネジメント

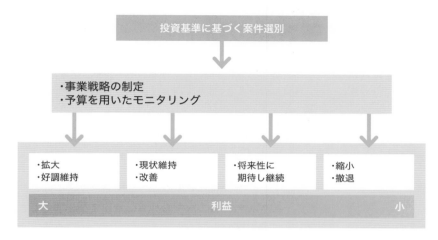

投資案件は一度実施すると、撤退の判断が難しくなるため、リスクと収益のバランスを常に管理していくことが大切です

ともキチンとした社内手続きを踏み、経営会議にもかけて投資を決行したのですが、さすがに世界経済の乱高下がここまでの規模で影響が出ることまでは読み切れなかった、ということがいえるでしょう。

リスクと収益性とのバランスをどう判断するか

リスクマネジメントは商社にとって極めて重要な営みであり、各社とも慎重な分析の上に判断を下しているものの、時として、想定された以上の事態が発生することがあり、もっとも難しい営みでもあるのです。

とはいっても、商社がリスクから逃げていては将来の収益のための新規事業にも取り組めなくなってしまいます。リスクと収益性とのバランスをどう判断するか、この極めて難しい判断を繰り返しながら、商社はリスクを取って果敢に新規ビジネスに挑んでいく、という宿命を背負っているともいえるでしょう。

第10章 商社業界の行方

総合商社は
生き残れるのか？

商社には8つの機能があるとされていますが、それぞれが独立してビジネスを形成しているわけではありません。しかし、その複雑に絡み合う機能こそが商社の生き残りにおける本質ともいえます。

機能同士の組み合わせが腕の見せ所

　商社の数々の機能について、それぞれの機能を因数分解的に個々に独立した形で発展させ得ることができるだろうかと問われたときに、まずそれぞれの機能を独立した形で抽出することが難しい、さらに仮に抽出できたとしても個々に発展させることは不可能といわざるを得ません。ただし、この回答の中に商社の生き残ることができる本質があるといえます。

　商社が提供するサービスや果たす役割、それらを発揮する場面やタイミングなど、商社が取り組むビジネスにおいては、いろいろな機能が走馬灯のように美しく順序立てて出てくるのではなく、それぞれの機能が現れては消え、折り重なり合いながら、拡大したり、縮小したり、変幻自在の万華鏡の世界の体をなしているといえるでしょう。この際、それぞれの機能が分離独立した形で発揮されているわけではありません。この機能同士の集散離合を、いかに組み合わせて事業発展に資するかが腕の見せ所であり、勝負の勘所です。

　商社マンは、日夜このための訓練をしているといっても過言ではありません。その結果、混沌としているビジネス環境、あるいは先の読み切れない事業状況の中で、粘り強くさまざまな可能性に頭を巡らせ、地道に課題に立ち向かっていくという商社マンの特性が生まれてくることになります。

　経済環境はますます次に何が起こるかの見通しの立たない状況が続くと予見されます。商社は持っている機能を融通無碍に組み合わせながら、その粘着質な特性を活かして、地道に粘り強く個々のビジネスに取り組むことによって、その活躍の場を国外、国内を問わずますます拡大していくに違いありません。

経済環境
経済活動の変化に影響を及ぼし、またそれによって影響を及ぼされるすべての事柄のこと。

▶ 丸紅が挑む地方マーケティング支援

丸紅は総合商社としてさまざまな機能を折り重ね、長野県の地方創生に力を入れている

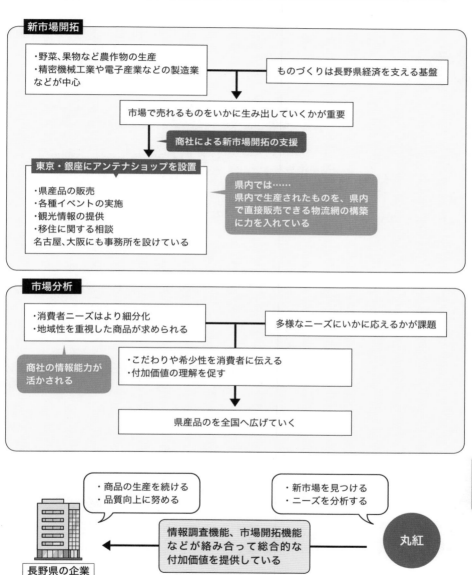

新規案件への飽くなき探求心

2030年 商社は何をしている？

幅広い事業を展開している商社ですが、約10年後の2030年、その事業はどのように展開、あるいは変化しているでしょうか。国際経済の変動、DXの観点から考えてみましょう。

途上国と先進国の橋渡し役を担う

経済格差
収入や貯金において格差があること。ここでは、2国間または多国間の経済力の差のこと。

2020年現在、世界経済の大きな流れとして、途上国と先進国との経済格差がますます大きくなることが叫ばれています。そういった事態を避けるために、途上国は自国の経済発展のために、先進国企業の誘致や自国企業の育成に力を注いでいます。

貿易を通じて途上国のこのような事情を理解していた商社は、途上国のニーズに合わせて日本企業の途上国進出の後押しを進めており、さらに踏み込んだ形では、工業団地を建設するなどして企業進出の受け皿づくりまで手掛けています。これらの取り組みは貿易という商取引関係から、商社が持っているさまざまな機能を状況に合わせて、タイムリーに提供することによって実現してきたといい換えることができるでしょう。

すなわち、商社がその機能を適宜適切に、また、複合的に駆使すれば、これからの国際経済環境の激しい変動の中でますます存在価値を高める可能性があります。つまり、あと10年後の商社については、世界を舞台にして商取引関係を重視したビジネス展開で、途上国と先進国の橋渡し役を担うことで、その活躍の場が確保されそうです。

未だ具体的な姿は見えないDX事業

しかし、これは商社の事業活動の一部にすぎません。商社の業態における関係する分野の広さ、奥行きの深さからすると一部分だけの事業継続ができるだけでは、商社の多岐にわたる業態を維持発展させることはできません。では、どこに商社が今後もその業態を維持発展させていける分野があるのでしょうか。

今、商社業界ではDXがタイムリーなキーワードとしてもては

▶ 事業の効率化とDX

DXを社内に取り入れることに積極的な総合商社。その特徴を学んだ上で、幅広い事業で活かしていく

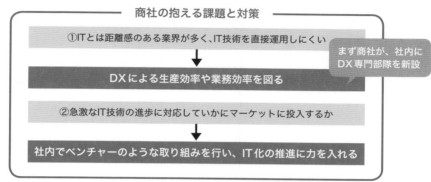

商社の抱える課題と対策

①ITとは距離感のある業界が多く、IT技術を直接運用しにくい

まず商社が、社内にDX専門部隊を新設

DXによる生産効率や業務効率を図る

②急激なIT技術の進歩に対応していかにマーケットに投入するか

社内でベンチャーのような取り組みを行い、IT化の推進に力を入れる

商社の成長にとって大切なファクター

・どのように新市場を開拓していくのか
・新規案件に対し、飽くなき探求心を持って取り組むことができるか

商社は常に社会のニーズに対応し、
かたちを変えながら世界に貢献していく

やされています。どこの**企業レポート**を見ても必ずDXという文字が発見できます。ただし、これはこれからの取り組みで、10年後の2030年にどういう展開をしているかは、未だその具体的な姿は見えていないといえるでしょう。

企業レポート
アナリストによる企業取材や企業分析、経営戦略などをまとめた報告書のこと。

📍 商社の特性を活かした事業展開

ただ、取り組みの方向性は間違っておらず、各業界がDXによってどのように変化、進展し、商社がいかなる機能を発揮するのか、また、商社活動の中心的な事業にまで発展させることができるか、高い関心が持たれています。商社の特性である新規案件への飽くなき探求心を持ってすれば、10年後にアッと驚くITビジネスの市場を作り上げているかもしれません。

いずれにしても、商社の持ち味である、進取の気質、負けん気、おせっかい焼き、粘着質を持ってすれば、2030年にDXの中から必ずや新しい商材、サービスが出現し、商社業態における重要なビジネスとして位置付けられていることを期待して止みません。

イルカ輸出大作戦

韓国の水族館から
イルカの輸出依頼を受ける

　M商事のYさんは普段から取引のあるS化学工業の輸出担当者から相談を受けました。「韓国の済州島に建設される水族館用にアクリルパネルを出すのだが、その水族館には、イルカのショープールも建設予定で、単にアクリルパネルを出荷するだけではないので、商社のほうで取りまとめてほしい」との依頼でした。

　まずは話を聞くため、S化学工業、関連会社と共に大阪にいるオーナーのAさんを訪ねました。今回の事業は、大阪にある設計事務所が全体設計を担当しており、水族館という特殊なプロジェクトなので、伊豆半島の先端にあるS水族館が技術監修として参画していました。日本からの輸出項目は、S化学工業のアクリルパネルに加え、いくつかの魚類展示用の小水槽、ショープールの水処理設備なども含まれていました。そして、最大の問題は、イルカショーに使うためにS水族館で調教されたイルカが輸出項目に入っていることで

した。

　調教したあとの生きているイルカをどう輸出すればよいのか、Yさんはハタと困りました。早速運輸部隊に相談したところ、「過去を遡ってもイルカの輸出などしたことない」とのことで、これは無理だという結論になりかけたときに、運輸のO課長代理が「確か千葉の水族館でやっているシャチのショーに使っているシャチはアメリカで調教した後日本に持ち込んだらしいぞ。いっぺん調べてみて、何とかやってみようじゃないか」この一言で、「イルカ輸出大作戦」がスタートしました。

　イルカは国際保護動物に指定されており、国際間の売買はワシントン条約で禁止されています。S水族館で調教されているイルカは漁船の網にかかってしまった野生のイルカを保護する目的で飼育しているもので、そのためにキチンとした設備が必要になるなど、国際保護動物の飼育は厳しく規制されています。

　そんなややこしいイルカを、海を越えて輸出するとなるといったいどんな手続きが要るのかさっぱりわか

りませんでした。まず、ワシントン条約の内容を精査すると、韓国側での輸入許可、日本側での輸出許可が必要なことが判明しました。日本の輸出許可を出すのは、貿易に関わっている通産省（現・経産省）ではなく、農林水産省（農水省）が許可を出すことがわかりました。Yさんは運輸部隊のKさんと共に輸出に必要な手続きの準備を始めました。そうすると、事業オーナー側から、韓国での輸入許可取得ために、建設するショープールがイルカの飼育に耐えうる設備なのかを証明する必要がある、とのことで、設計図と設備機器などの明細を持って韓国の当局に説明してほしいとの話も舞い込んできて、てんてこ舞いの作業が始まることになってしまいました。

シャチの輸送に倣って
航空機での輸送を計画

ある日、オーナーのAさんからの電話がありました。「ところでどうやってイルカを運ぶんや？　こっちは何も用意してないで。そのためにお前さんの会社にやってもらっとんのやで。しっかり考えてや」イルカは何で運ぶのか、検討すらしていませんでした。しかし、ここでシャチの例が役に立ちました。千葉のシャチショーをやっているK水族館の館長に連絡を取ると「あれはアメリカから持ってきたけど、確かジャンボに乗ってきたと思うな」との話。YさんとKさんは「じゃぁJALに聞いてみよう」、ということで連絡を取ると、「ラッコは運んだことはあるけど、イルカは経験ないです。でも、シャチの輸送をやったパンナムにちょっと聞いてみます」との話をもらい、少し期待が出てきました。

数日後、JALで対応しますとの回答を得て、S水族館から成田までをどう運ぶかも含め、M商事の運輸部隊とJALの貨物輸送の専門チームにS水族館のイルカ飼育の専門部隊の方々が加わりこの輸送作戦がスタートしました。

そのころ、済州島の現場では水族館の建設工事も佳境を迎えていました。とくに大型設備が必要なイルカのショープールの水処理設備工事については、国際保護動物を受け入れる設備ということで、韓国当局の関係者の立ち合いなどもあり、現場は緊張感がみなぎっていました。Yさんもしばしば海を越えて現場に足を運び、工事の進捗を見守りました。

一方、S水族館では、順調にイルカの調教が進んでいました。今回済州島に渡航するイルカは4頭で、それぞれ1頭ずつに特徴のある演技項目と4頭がそろって行う団体競技が

第10章　商社業界の行方

並行して訓練されていました。加えて、実際に飼育員としてショーを進行する予定の何人かの若者が韓国からやってきており、日夜飼育訓練に明け暮れていました。

そんな中でイルカ輸送プロジェクトは次第に具体的な形が見えてきました。伊豆下田から、成田空港を経て韓国済州島の現場までいくつかの工程に分けて慎重に検討を進めました。ここで非常に大切なことをS水族館のイルカ飼育の専門家から聞くことになります。それは、イルカやシャチのような体の表面が毛におおわれていない海洋動物は海水によって絶えず濡れていないとヤケドのようなケロイド症状になってしまう、ということでした。それは、輸送中一貫して体の表面を濡らし続けなければならないことを意味しました。

ペンギンとアザラシが
輸出項目に追加される

JALの担当者から、シャチの例を受けての説明がありました。「シャチの輸送でパンナムが使った機材はジャンボでしたが今回はイルカ4頭なので通常の旅客機を使用する。機内にイルカの頭数分の担架をつりさげ、下に水受け用のパンを張り巡らせて、イルカの皮膚が乾かないように絶えず海水をかけるようにする」

というものです。航空機の中で海水を使うので、内部は完全防水にし、必要なさび止めも施すという徹底ぶりでした。イルカを運ぶ担架はイルカの胸ひれを外に出せるように2か所に穴をあけ、イルカの体重を支え、海水にも強い屋外テント用の生地で制作されました。また、イルカの皮膚を乾かさないように海水を表面に塗布する手段は、何とヒシャクでした。これが一番少ない海水の量で、表面のまんべんなく塗布できるとのことでした。つまり、1頭につき1名の飼育員がつくことになります。

いよいよ、イルカ輸出大作戦が1か月後に迫ってきた時、S水族館のM館長よりYさんに連絡がありました。「ペンギン12羽とアザラシ2頭を追加で送りたいと思うのだけれど、今から大丈夫かな？」

国際保護動物を今頃になって……とは思いましたが、大至急手配を進めました。すると、農水省の許可はペンギンとアザラシについては意外と早くとれる見込みが立ちました。韓国側も日本の輸出許可が下りるならこちらも早いだろう、とのことで輸出入の手続き上は問題なさそうでした。JALにはスペースが取れるか確認したところ、防水エリアを広げて対応します、とのこと。

M館長に、「何とかなりそうです」

と連絡したところ、オーナーAさんから電話がかかってきました。「Yさん、すまんのう。急な話を引き受けてくれてありがたい。ちょっとショーが地味やったんで、M館長に無理いうてやってもらったんや。輸送請負い契約の件な、見積書の金額で契約するので、そっちで契約書作ってくれや」実はYさんは、この数か月前、今回の輸送プロジェクトに関する見積書をオーナーに提出していたのですが、高い、高い、でいまだ合意が取れていなかったのです。

通関のための
金額設定に奔走

輸出の日程が迫ってきました。Yさんは輸出用の書類を作成していて、またここで問題が出てきました。イルカ、ペンギン、アザラシの輸出するにあたって、無為替輸出という、金額のないものを輸出する方法があるのですが、通関のために金額を設定する必要があるのでした。

「M館長、イルカの金額はおいくらぐらいにすればいいですかね？ペンギン、アザラシもいくらか教えてほしいのですが」

「ペンギンとアザラシはうちで生まれて育てたものだし、イルカは漁師さんの網に引っ掛かったのを保護して持ち込まれたもので、値段のつ

けようがないねぇ。どうする？」

ここは専門家である税関に聞いてみよう、ということで確認しましたが、とくに基準はないので、どんな価値があるかで決めてください、とのなんとも決め手を欠く回答。

そこで、価値をどう計算するかになり、ついにM館長より、餌代を合計すると、少なくともS水族館での付加価値となるのではないか、とのアドバイスの下、餌代の累計額をそれぞれの輸出用の通関価格として申告することにしました。

輸出当日、早朝からS水族館ではてんやわんやでした。防水処理をした大型のトラックにイルカ4頭を積み込み、あとは檻に入れたペンギンとアザラシを積み込みました。大型トラック4台、中型トラック1台、それにM館長と前日からS水族館に泊まり込んだKさんが乗っていく小型トラック、総勢6台のトラック隊列で出発です。

すると、地方TV局のクルーがやってきて、「輸送道中を朝のワイドショーで中継するのでよろしく」とのこと。そのため、トラックの側面には「ただいまイルカ搬送中」の横断幕が掲げられていました。

イルカ1頭に大型トラック1台で、それに1人ひとり飼育員が同乗していました。韓国から飼育留学に来て

いた若者もそれぞれ、自分が面倒を看るイルカを割り当てられていました。トラックで輸送中も航空機と同じように担架に乗せているので、皮膚が乾かないように海水を都度塗布していなければなりません。韓国人留学生から提案があり、海水の蒸発が少しでも防ぐため、イルカの表面を覆うようにタオルでくるんで輸送することになりました。

飛行機がチェジュ空港に到着したのは夕方6時過ぎ、暗い中での積み替え作業となりました。最後の陸上輸送です。約30分程度の輸送ですが、何と警察の白バイが前後について輸送中の安全確保に協力をしてくれました。白バイに先導されてイルカを運ぶなんて経験はおそらく二度とできないだろうな、とKさん。

イルカが大プールに移り搬送が完了する

ついに済州島水族館に到着しました。ペンギン、アザラシはそれぞれのプールで問題なく受け入れが完了。イルカは1頭ずつ、ショーをやる大プールの横にある「リザーバー」と呼ばれる小プールに丁寧に運び込まれました。

しかし、4頭のイルカは、小プールに入れられても、ピクリとも動きません。4頭が並んで、じっとして

いるのです。S水族館から同行してきた飼育員は1頭ずつにと優しく声をかけながらその体をなでていきますが、それでも、動きません。イルカは頭のよい動物で、今回の環境の激変に対して神経質なほど用心をしているのでした。そこで、1人の飼育員がリザーバーと大プールとの間にある水門を開き、大プールへ泳ぎ出しました。そうして、もう1人の飼育員がイルカの体をポンと叩いて大プールを指さしました。するとどうでしょう、背中を叩かれたイルカは、慎重にゆっくりと大プールにいる飼育員の方に泳ぎ始めるではないですか。1頭ずつポン、ポンと声をかけていくと、ついに4頭とも大プールに泳ぎ出したのです。この間およそ20分、ついにイルカの搬送が完了した瞬間でした。

Kさんはイルカが大プールに泳ぎ始めたときはさすがに涙が出そうになった、と漏らしていました。

こうして、「イルカ輸出大作戦」は無事に完遂することができたのでした。運輸のO課長代理はKさんに今回のプロジェクトの首尾を詳細に記録しておくこと、と指示してKさんはキングファイル4冊にそれを纏めました。M商事の運輸の書庫にはこのキングファイル4冊が今も静かに眠っています。

5大商社の主なグループ企業

企業名	金属製品	繊維
伊藤忠商事	伊藤忠メタルズ（100%） 伊藤忠丸紅鉄鋼（50%）	エドウイン（98.5%） ジョイックスコーポレーション（100%） 三景（100%）
三菱商事	三菱商事 RtM ジャパン（100%） メタルワン（60%）	三菱商事ファッション（100%） 三菱商事ケミカル（100%）
住友商事	伊藤忠丸紅住商テクノスチール（33.3%） KS サミットスチール（90%） 住商メタルワン鋼管（50%）	スミテックス・インターナショナル（100%）
三井物産	三井物産スチール（100%） Regency Steel Asia（100%） Bangkok Coil Center（99.6%）	マックスマーラジャパン（65.5%） 三井物産アイ・ファッション（100%） Paul Stuart（100%）
丸紅	伊藤忠丸紅鉄鋼（50%）	丸紅インテックス（100%） 丸紅ファッションリンク（100%） ラコステ ジャパン（33.4%）

企業名	食品・住生活	情報・金融
伊藤忠商事	センチュリー 21・ジャパン（49.9%） 伊藤忠アーバンコミュニティ（100%） ファミリーマート（50.4%）	伊藤忠テクノソリューションズ（58.3%） ほけんの窓口グループ（59%） GCT MANAGEMENT (THAILAND)（100%）
三菱商事	三菱商事都市開発（100%） MC アビエーション・パートナーズ（100%） DIAMOND REALTY INVESTMENTS（100%）	三菱商事フィナンシャルサービス（100%） MITSUBISHI CORPORATION FINANCE（100%） MC FINANCE & CONSULTING ASIA（100%）
住友商事	トモズ（100%） サミット（100%） 住商フーズ（100%）	ジュピターテレコム（50%） SCSK（51%） Presidio Ventures（100%）
三井物産	三井物産アセットマネジメント・ホールディングス（100%） MBK Real Estate（100%） ATLATEC（96.4%）	三井情報（100%） ワールド・ハイビジョン・チャンネル（100%） Mitsui & Co. Financial Services (Asia)（100%）
丸紅	丸紅リアルエステートマネジメント（100%） 丸紅ロジスティクス（100%） ウェルファムフーズ（100%）	MX モバイリング（100%） 丸紅情報システムズ（100%） アルテリア・ネットワークス（50%）

化学品	エネルギー	電力
伊藤忠ケミカルフロンティア（100%） タキロンシーアイ（51.4%） BRUNEI METHANOL COMPANY（25%）	伊藤忠エネクス（54%） 日本南サハ石油（25%） ITOCHU Oil Exploration (Azerbaijan)（100%）	I-Power Investment（100%） NAES CORPORATION（100%）
サウディ石油化学（33.3%） 中央化学（60.6%） PETRO-DIAMOND SINGAPORE（100%）	三菱商事エネルギー（100%） アストモスエネルギー（49%） CUTBANK DAWSON GAS RESOURCES（100%）	三菱商事パワー（100%） 三菱商事マシナリ（100%） DIAMOND GENERATING ASIA（100%）
住友商事ケミカル（100%） Iharabras S.A. Industrias Quimicas（22.9%） 住商アグリビジネス（100%） スミトロニクス（100%）	エルエヌジージャパン（50%） Dynatec Madagascar（47.7%） 大阪ガスサミットリソーシズ（30%） SC Mineral America（100%）	サミットエナジー（100%） Amata B.Grimm Power（30%） PT Supreme Energy Muara Laboh（35%）
三井物産ケミカル（100%） 日本アラビアメタノール（55%） MMTX（100%）	三井石油開発（74.3%） ENEOS グローブ（30%） Mitsui E&P Australia（100%）	三井物産電力事業（100%）
丸紅ケミックス（100%） 丸紅プラックス（100%） Shen Hua Chemical Industrial（22.6%）	ENEOS グローブ（20%） 丸紅エネルギー（66.6%） Marubeni International Petroleum（100%）	丸紅新電力（100%） 丸紅電力開発（100%） 三峰川電力（100%）

出所：各社有価証券報告書（2019 年度）、各社ホームページをもとに作成

索引

さ行

著者紹介

治良　博史（はるなが　ひろし）

1953年生まれ。大阪府出身。1976年に一橋大学社会学部卒業後、住友商事に勤務。運輸保険、産業機械の輸出業務、情報電機システム事業、ネットワークシステム事業、映像メディア事業などさまざまな分野の業務に従事し、2004年以降は情報電機システム部長、ネットワークシステム部長、映像メディア事業部長などを歴任。2010年からは海外事業推進センター長、2015年からは一般社団法人・全国携帯電話販売代理店協会の理事・事務局長を務める。2007年以降は一橋大学で如水会寄付講座「商社ゼミ」講師を務め、現在は同大学大学院経営管理研究科の非常勤講師として後進の育成に務めている。

- ■装丁　　　　井上新八
- ■本文デザイン　株式会社エディポック
- ■本文イラスト　チビはな
- ■担当　　　　春原正彦
- ■DTP　　　　竹崎真弓（株式会社ループスプロダクション）
- ■編集　　　　佐藤太一（株式会社ループスプロダクション）

図解即戦力
商社のしくみとビジネスがこれ1冊でしっかりわかる教科書

2021年1月12日　初版　第1刷発行
2024年3月26日　初版　第3刷発行

著　者　治良博史（はるながひろし）
発行者　片岡　巌
発行所　株式会社技術評論社
　　　　東京都新宿区市谷左内町21-13
　　　　電話　03-3513-6150　販売促進部
　　　　　　　03-3513-6160　書籍編集部
印刷／製本　株式会社加藤文明社

©2021　株式会社ループスプロダクション

ISBN978-4-297-11748-1 C0034　　　　Printed in Japan

◆ お問い合わせについて

- ・ご質問は本書に記載されている内容に関するもののみに限定させていただきます。本書の内容と関係のないご質問には一切お答えできませんので、あらかじめご了承ください。
- ・電話でのご質問は一切受け付けておりませんので、FAXまたは書面にて下記問い合わせ先までお送りください。また、ご質問の際には書名と該当ページ、返信先を明記してくださいますようお願いいたします。
- ・お送りいただいたご質問には、できる限り迅速にお答えできるよう努力いたしておりますが、お答えするまでに時間がかかる場合がございます。また、回答の期日をご指定いただいた場合でも、ご希望にお応えできるとは限りませんので、あらかじめご了承ください。
- ・ご質問の際に記載された個人情報は、ご質問への回答以外の目的には使用しません。また、回答後は速やかに破棄いたします。

◆ お問い合せ先

〒162-0846
東京都新宿区市谷左内町21-13
株式会社技術評論社　書籍編集部
「図解即戦力
商社のしくみとビジネスが
これ1冊でしっかりわかる教科書」係
FAX：03-3513-6167
技術評論社ホームページ
https://book.gihyo.jp/116

【本書の書誌情報はこちらから】
↓